Ich möchte dich in diesem Büchlein einladen,
eine Methode kennenzulernen,
die dein Leben verändern kann...

Ich sage heute:

„EFT hat mein Leben gerettet!"

Heike Richter

Krank UND glücklich - DARF MAN DAS?

Handbuch für EFT-Klopfakupressur
& meine ganz persönliche
EFT-Erfolgsgeschichte.

Bibliografische Information der Deutschen Nationalbibliothek:
Die Deutsche Nationalbibliothek verzeichnet diese Publikation in der
Deutschen Nationalbibliografie; detaillierte bibliografische Daten sind
im Internet über www.dnb.de abrufbar.

Verlag: BoD • Books on Demand GmbH, In de Tarpen 42, 22848
Norderstedt
Druck: Libri Plureos GmbH, Friedensallee 273, 22763 Hamburg
ISBN: 978-3-7597-7059-2

WICHTIGE HINWEISE

Die Anwendung von EFT und EFT-basierter Klopfakupressur in Eigenanwendung geschieht stets auf eigene Verantwortung und Gefahr. Es werden hier keine Heilversprechen abgegeben. EFT ersetzt keine ärztliche, psychotherapeutische oder alternativmedizinische Behandlung! Hast du ein diagnostiziertes Trauma oder eine diagnostizierte Posttraumatische Belastungsstörung, verzichte darauf, eigenständig EFT anzuwenden und geh bitte ausschließlich zu einem Psychotherapeuten, der idealerweise EFT oder EMDR praktiziert.

EFT©/Klopfakupressur = Emotional Freedom Techniques, zu deutsch: "Emotionale Freiheitstechniken", Begründer: Gary Craig. Er hat diese Methode entdeckt und sie weltweit verbreitet. EFT basiert auf der Idee, dass allen negativen Emotionen und emotional-körperlichen Problemen eine Störung im Energiesystem (des Körpers) zugrunde liegt. Solltest du professionelle Unterstützung benötigen, dann suche dir gern einen EFT-Coach: https://eftinternational.org/de/german-speaking-eft-practitioner-directory/

Die Anwendung von EFT-Klopfakupressur in meinen Videos im YouTube-Kanal „EFT mit Heike" und in diesem Buch orientiert sich an den Inhalten des Begründers, vermittelt aber nicht Gary Craigs „Official EFT" und dessen Anwendungsverständnis. Ich verwende EFT auf eine Weise, wie ich ein Verständnis von EFT während der Ausbildung erworben und in den praktischen Anwendungen entwickelt habe - inklusive meiner persönlichen Haltung, Sichtweise und meinem eigenen Verständnis der EFT-Klopfakupressur.

Die Begriffe „EFT" und „Emotional Freedom Techniques" sind innerhalb der EU nicht mehr markenrechtlich geschützt und dürfen somit ohne Gefahr einer Abmahnung frei genutzt werden. In der Schweiz gilt der Markenrechtsschutz weiterhin: EFT©/Klopfakupressur = Emotional Freedom Techniques, Begründer: Gary Craig. Quelle: https://klopfakupressur.org/allgemein/ethische-und-legale-und-rechtliche-prinzipien-in-eftc-klopfakupressur/

Mehr Informationen zum Thema EFT:
Wer Interesse hat, nachzulesen, wie EFT in 320 wissenschaftlichen (auch in mehr als 65 randomisierten kontrollierten) Studien abschnitt, wird unter anderem auf dieser Homepage fündig:
https://www.eft-berlin.de/alles-ueber-eft/wissenschaftliche-studien/

INHALTSVERZEICHNIS

VORWORT

POSITIVES... gleich am Anfang

PRAKTISCHES... zu deiner Inspiration

VORWORT

„Krank UND glücklich - darf man das?" Dieser Titel zu meinem Buch fiel mir ein, als ich wieder einmal gefragt wurde: *„Du strahlst immer so und siehst total gesund aus, wieso fährst du E-Mobil?".* Und wenn ich dann noch aufstehe, um meinen Hund anzuleinen oder einige wenige Schritte zu laufen, dann sehe ich mich oft konfrontiert mit dem Urteil der Menschen, ich sei gar nicht krank. Wie oft war mir dies schon passiert!

Lachen UND krank sein - das geht wohl nicht zusammen? Muss ich jeden Tag grimmig schauen, damit Menschen mir glauben, dass ich krank bin? Eine Absurdität!

Ich lag völlig am Boden, war innerlich leer - nach über 25 langen Krankheitsjahren. Ich hatte nichts mehr zu geben und keine Kraft mehr zum Leben. Die Schwäche, die Schmerzen, die vielen Einschränkungen, die ich hinnehmen musste, machten mir sehr zu schaffen. Und als noch eine schwere Diagnose obendrauf kam und die Trennung von meinem Freund geschah - da wusste ich nicht mehr weiter.

Ich sank in ein Loch, aus dem niemand mich mehr herausholen konnte. Die Hoffnung, mir selbst helfen zu können, wurde mir geraubt, als das Erbe meiner Großeltern, das für mich bestimmt war, nicht bei mir landete, und damit schwand in mir auch der letzte Funke Hoffnung auf ein besseres, lebenswerteres Leben. Ich wollte mir von dem Geld Behandlungen leisten, die mir Linderung schenken, die allerdings die Krankenkasse nicht zahlt. Doch nun stand ich ohne alles da. Wie sollte es nur weitergehen??

Ich erzähle hier nicht meine Geschichte in diesem Buch, um zu klagen. Ich habe ein Wunder erlebt: **ich bin wieder glücklich, glücklicher als je zuvor.** Ich fühle mich leicht und frei, lebendig und voller Lebensfreude, ja, sogar erfüllt - OBWOHL ich krank bin und sich an meinen äußeren Lebensumständen (noch) nichts geändert hat. Wie das kam?

Ein dreistündiges EFT-Coaching hat mich aus dieser Ausweglosigkeit herausgerissen, aus meiner tiefen Verzweiflung und dem „Mich-aufgegeben-haben". Innerhalb dieser drei Stunden stellte sich meine innere Welt auf den Kopf: ich fühlte ganz plötzlich wieder Leichtigkeit und Lebensfreude. Alles war anders - von jetzt auf gleich. Wie war das möglich?

Dieser Frage wollte ich unbedingt nachgehen, und so lernte ich EFT nach diesem Coaching, weil ich das Ergebnis sensationell fand. Ich wollte unbedingt VERSTEHEN, wie solch ein Wandel IN MIR möglich sein kann - erklärbar und wissenschaftlich belegt.
Heute bin ich zertifizierte Mentaltrainerin, Coach für EFT-basierte Klopfakupressur und Psychologische Beraterin.

Allerdings bin ich aus gesundheitlichen Gründen derzeit nicht berufstätig. Es ist mir aber ein Bedürfnis, mein Wissen in verschiedenen Kanälen weiterzugeben: z.B. in diesem Buch und in meinem YouTube-Kanal „EFT mit Heike". Hin und wieder halte ich kostenfreie Online-Vorträge, wann immer ich Kraft dafür zur Verfügung habe.

Oft geht es mir nicht gut, aber wenn ich mich auch nur ein kleines bisschen besser fühle, trage ich EFT ehrenamtlich in die Welt.

Es ist mir wichtig, DIR zu sagen, dass es Hoffnung gibt, solltest du dich traurig, verzagt, hoffnungslos FÜHLEN. Vielleicht bist du aber auch einfach nur enttäuscht oder wütend, fühlst dich ängstlich wegen...
Was auch immer der Grund für deine negativen Emotionen sein mag: es gibt Licht am Ende des Tunnels!

Wir alle haben unsere alltäglichen Herausforderungen zu meistern, und wir denken oft: *„Wenn ich erst ... (dies oder jenes) erreicht habe, d a n n bin ich glücklich!"*. Was würdest du denken, wenn ICH dir sage: ***„Du kannst JETZT glücklich sein, wenn du deine negativen Emotionen einfach auflöst – mit EFT!"***?

Das wäre doch was, oder?

Du weißt nicht, wie es weitergehen soll?

Deine Traurigkeit, deine Verzweiflung, Angst, Enttäuschung, Wut, Hilflosigkeit halten dich davon ab, DEIN LEBEN zu leben?

Ich weiß, wie das ist: Emotionen können dich „beuteln", dich hin- und herwerfen, und dann kannst du nicht mehr klar denken. Klares Denken brauchst du aber, um gute Entscheidungen für dich und dein Leben treffen zu können.

Vielleicht gibt es aber doch einen Weg, den du jetzt gerade (noch) nicht siehst, einen Weg, um wieder Kraft zu schöpfen und Glück wieder spüren zu können.

War es mir jahrelang nicht mehr möglich, Glück zu fühlen, so strahle ich jetzt oft beseelt - „ohne schlechtes Gewissen" und den Gedanken daran, *Was wohl die Leute sagen...?"* ;-)
„Die Leute" würden immer reden, und was, darauf habe ich keinen Einfluss. Aber auf mein emotionales Befinden habe ich nun Einfluss - dank der EFT-Klopfakupressur! Die Technik ist so dermaßen einfach; man mag nicht meinen, was sie alles bewirken kann! EFT hat mein inneres Er-Leben gewandelt, wie ich es mir niemals hätte vorstellen können...

Lass dir gesagt sein: auch ich bin nicht jeden Tag fröhlich, auch ich bin nicht rund um die Uhr gut aufgelegt. Ganz im Gegenteil. Wenn die Schmerzen oder die Schwäche zu stark sind, ist meine Stimmung dahin. Aber sobald ich wieder ein bisschen Land sehe, es mir ein ganz klein wenig besser geht, sodass ich nicht das Gefühl habe, zu ertrinken in meinem miserablen Befinden, dann klopfe ich. Ich klopfe jeden Tag, WEIL es mir hilft.

Ich bin zutiefst dankbar für eine Selbsthilfetechnik, die mir **SELBSTWIRKSAMKEIT** schenkt wie keine andere, die ich kenne. Und dieses Wissen, das ich mir angeeignet habe, und auch meine Erfahrungen möchte ich mit dir teilen.

Und so biete ich dir in diesem Büchlein nicht nur einen Einblick in die Grundlagen der EFT-Klopfakupressur, sodass du die Technik für dich daheim anwenden kannst, sondern erzähle dir eben auch meine Geschichte: die Geschichte meiner ganz persönlichen, emotionalen Befreiung. Dies ist eine Geschichte, die MUT MACHEN soll!

Wenn die Verzweiflung nach dir greift, wenn du sie nicht stoppen oder wandeln kannst, weil es „einfach nicht geht" - dann ist EFT vielleicht doch DIE Idee, denn mich hat EFT aus der absoluten Hilflosigkeit, dem „Mich-aufgegeben-haben" herauskatapultiert:

hinein in LEBENSFREUDE & LEICHTIGKEIT!

DAS wünsche ich dir auch, denn das Leben darf leicht sein und gut, angenehm und entspannt. Und wenn es das in deinem Sein (noch) nicht gibt, dann lies bitte dieses Buch.

Es soll dir eine neue Welt eröffnen - **eine Welt voller Hoffnung, Zuversicht und Selbstwirksamkeit**, ...

**...denn EFT ist DEIN TOOL
für daheim
und noch so viel mehr!**

Herzlichst Heike.

In meinem Buch gibt es immer wieder Hinweise zu bestimmten Themen-Videos in meinem YouTube-Kanal:

„EFT mit Heike"

Lass dich inspirieren und entdecke mit EFT eine ganz neue Welt - IN DIR!

POSITIVES...

...gleich am Anfang

Was ist eine „Mutmach-Geschichte"?

Menschen, die etwas erlebt haben, das anderen helfen kann, machen sich oft danach auf den Weg, genau DAS in die Welt zu tragen: was ihnen geholfen hat. DAS ist ein Geschenk, was auch immer „das" ist, und ich bin begeistert von EFT und möchte es deshalb hinaustragen in die Welt, damit möglichst viele Menschen davon erfahren und sich durch die Anwendung von EFT freier, leichter und besser FÜHLEN können...

Ich lasse dich an meinem ganz persönlichen Wandel in diesem Buch teilhaben, was EFT mit mir gemacht hat und wie ich zu all dem kam. Doch... zuallererst möchte ich dir von Julia berichten, die eine ganz wunderbare Erfolgsgeschichte mit EFT erlebt hat. Es ist eine inspirierende Schilderung, die deutlich aufzeigt, was EFT kann und wie es wirkt, und vor allem, was man damit erreichen kann!

Julia findet ENDLICH eine eigene Wohnung...

Julia, eine liebe Bekannte von mir, suchte eine Wohnung für sich und ihre Kinder. Zwei Jahre lang suchte sie verzweifelt, weil sie neu beginnen wollte, nein musste! Ihr Mann war gewalttätig, und sie hatte keine Kraft mehr, ihm etwas entgegenzusetzen.

Ihre Suche blieb erfolglos, und die vielen Nächte, in denen sie mit ihren Kindern Unterschlupf bei Familie und Freunden suchte, hatten sich aneinandergereiht zu vielen Monaten. Sie stand vor dem Nichts und wusste nicht, wie es weitergehen sollte.

Als ich eines Tages in ihrer Stadt war und wir uns trafen, stellte ich schnell fest, dass sie zwar sagte, sie wolle eine neue Wohnung finden, aber ich konnte deutlich spüren, dass es da jede Menge Hindernisse gab, und zwar tief IN IHR. Julia war so auf „Überlebensmodus" getrimmt, dass sie genau diese „Ich-muss-überleben-Situationen" immer wieder in ihr Leben zog. Sie konnte gar nicht anders; sie kam nicht mehr wirklich zur Ruhe.

Wir trafen uns, um zu klopfen. EFT-Klopfakupressur sollte helfen, diese inneren Zweifel, die sie offensichtlich hatte, aufzulösen, damit ihre Suche nach einer Wohnung endlich erfolgreich sein könnte.
Innere Widerstände sind ein KLARES NEIN, und an denen kommt man nicht einfach so vorbei.
Julia war skeptisch, sie kannte die Methode nicht und sie konnte sich nicht vorstellen, dass ihr irgendetwas helfen könne...

Wie sollte „klopfen" ihr helfen, eine Wohnung zu finden? Sie wollte endlich ihre graue Hülle der Anpassung hinter sich lassen und wieder ein farbenfrohes, eigenes Leben führen – gemeinsam mit ihren Kindern.

Die folgende Geschichte hat sich genauso zugetragen. Der Inhalt ist korrekt, der Wortlaut allerdings ist frei gewählt.

Julia erzählt:
„Heike und ich trafen uns, damit ich EFT mal ausprobieren kann. Meine Motivation war gering, denn eigentlich dachte ich: „Dieses bisschen Klopfen - was soll das schon bringen?". Ich erhoffte mir - ehrlich gesagt - nicht wirklich etwas davon...
Dann begannen wir. Heike sprach die Sätze vor, und ich sprach sie nach; währenddessen klopften wir. Nach und nach fühlte ich mehr und mehr, wie Emotionen in mir aufstiegen, die ich bisher erfolgreich weggedrückt hatte, um sie nicht mehr fühlen zu müssen. Es tat weh, sie wieder zu spüren, vor allem die aufsteigende Traurigkeit, und ich dachte wirklich für einen kurzen Moment, diese heftige Emotion nicht aushalten zu können. Heike motivierte mich, mit dem Klopfen dranzubleiben; sie klopfte an sich selbst die Punkte mit. Ich musste nur schauen, wo sie klopfte, dann brauchte ich mir die Punkte nicht zu merken und konnte mich ganz auf mich selbst konzentrieren.

Und so ging es eine Weile. Wir klopften. Heike sprach die Sätze vor; ich sprach sie nach und klopfte mit. Schritt für Schritt beklopften wir all meine inneren Widerstände gegen eine neue, eigene Wohnung. Ich ahnte am Anfang der EFT-Klopfsession noch nicht einmal, dass es so viele Widerstände in mir gab! Heike stöberte sie alle nach und nach auf. An der Stelle, als ich den imaginären Mietvertrag unterzeichnen sollte, konnte ich genau diesen Satz nicht aussprechen: „Ich unterzeichne JETZT meinen Mietvertrag.". Es war mir einfach nicht möglich. Tränen schossen in meine Augen.

Ich erkannte:
Ich wollte eigentlich gar keinen eigenen Mietvertrag für mich und meine Kinder unterschreiben!

Dann wurde ich gefragt, wie ICH denn diesen Satz umformulieren würde, auf dass ich ihn aussprechen kann. Sofort fiel mir ein: **„Ich habe Angst, wenn ich einen neuen Mietvertrag für mich und die Kinder unterzeichne, dass ich meinen Mann dann ganz verliere, dass ich unsere Beziehung verrate und vielleicht selbst Schuld bin, dass es nicht geklappt hat mit uns.".**
Dachte ich wirklich so? Eigentlich nicht. Er war gewalttätig mir gegenüber geworden, und jetzt fühlte ich mich schuldig, wenn ich ein eigenes Leben beginnen wollte? Immer wieder war ich geflohen, immer wieder hatte ich mich zurückerobern lassen - mit vielen Versprechungen und Schwüren: es würde nun alles besser werden. Doch nichts wurde besser. Ganz im Gegenteil: alles wurde nur noch schlimmer.
Nun saß ich hier und weinte. Und da war plötzlich eine große Trauer in mir, die mich erfasste. Wir fanden den passenden Satz zu dieser Emotion: **„Ich bin enttäuscht, dass er nicht <u>der</u> Mann ist, für den ich ihn gehalten habe und den ich geheiratet habe.".**

Nun ließ ich meinen Tränen freien Lauf! Ja, ich war traurig - und wie! Das hatte ich über dem „Mich-um-die-Kinder-kümmern-müssen" völlig vergessen, hatte alles verdrängt, nur, um emotional überleben zu können. Nun beklopften wir diese Traurigkeit, und ich spürte, wie sich in mir alles zusammenzog - in meinem Herzen. Ich spürte diesen seelischen Schmerz in meinem Herzen. **Plötzlich, ganz plötzlich versiegten meine Tränen, und ich fühlte Leichtigkeit in mir, eine Leichtigkeit, wie ich sie seit Jahren nicht mehr gefühlt hatte.**

„Wenn du dir jetzt vorstellst, den Stift auf den Mietvertrag zu setzen, um ihn zu unterzeichnen, was denkst du dann jetzt...?" fragte mich Heike, als ich mich nun – vollkommen unerwartet - ruhig und entspannt fühlte.

Mit diesem Thema war ich ja gekommen. Ich konnte an keiner Wohnung, die ich bisher angeschaut hatte, auch nur ein gutes Haar lassen. Ich fand jede Menge Ausreden, wieso ich diese und jene Wohnung nicht wollte. Und oft dachte ich, es klappt, aber dann klappte es nicht und die Vermieter sagten ab. So ging das über zwei Jahre. Ich war am Ende meiner Kraft angekommen. Nur wollte ich mir das nicht eingestehen... Überleben - das war mein Ziel, innerlich.

Den Luxus, meine Gefühle zuzulassen, konnte ich mir nicht leisten. Dann würde alles den Bach runtergehen.

Und nun saß ich hier und klopfte und... war erstaunt, was es mit mir machte.

Konnte ich mir vorstellen, den Mietvertrag zu unterzeichnen? Konnte ich mir das wirklich vorstellen? Nein, niemals!

Stattdessen fiel mir der Satz ein: „Was werden wohl die Leute sagen?". Diesen Satz beklopften wir. Ich hatte Angst, dass die Menschen mich dafür verurteilen würden, dass ich meinen Mann verlasse. „Das gehört sich nicht. Man lässt sich nicht scheiden!". Ich fühlte mich schuldig, würde ich gehen...

Dann wieder die gleiche Frage an mich:
„Wenn du dir jetzt vorstellst, den Stift auf den Mietvertrag zu setzen, um ihn zu unterzeichnen, was denkst du dann jetzt...?"

Ich spürte ganz deutlich, dass ich ANGST hatte, finanziell nicht klarzukommen. Wir beklopften genau diese Angst in allen denkbaren Variationen: dass wir auf der Straße landen könnten, vielleicht obdachlos würden, dass wir nicht genug zu essen hätten, dass ich mich und die Kinder nicht einkleiden könnte, dass ich ihnen keine Geburtstagsgeschenke machen könnte, usw. Heike übertrieb - glaube ich - absichtlich, damit mir die Absurdität meiner Gedanken bewusst wurde. Sie machte das fröhlich und einfühlsam, sodass ich mich aufgehoben fühlte in jeder Sekunde.
Wieder wurde ich gefragt:
„Wenn du dir jetzt vorstellst, den Stift auf den Mietvertrag zu setzen, um ihn zu unterzeichnen, was denkst du dann jetzt...?"
Kam da noch irgendetwas hoch? Ja, ich hatte plötzlich das Gefühl, ihn dann endgültig zu verlieren, und das wollte ich nicht zulassen. Ich hatte diesen Mann geheiratet! Ich liebte ihn - trotz allem!

Wir klopften:
- „Auch, wenn ich mir nicht vorstellen kann, meinen Mann wirklich zu verlassen und diesen Mietvertrag zu unterschreiben, liebe und akzeptiere ich mich von ganzem Herzen."

- *„Auch, wenn er mir sehr weh getan hat und mich sehr verletzt hat, liebe ich ihn noch immer, und ich kann mir nicht vorstellen, den Mietvertrag zu unterzeichnen, weil ich dann unsere Ehe verrate, aber ich liebe und akzeptiere ich mich von ganzem Herzen."*
- *„Auch, wenn ich sehr traurig bin, dass er nicht mehr DER Mann ist, den ich einst an meiner Seite hatte, und ich mich jetzt sogar vor ihm schützen muss, liebe und akzeptiere ich mich von ganzem Herzen."*

Ich weinte nochmals, Tränen bahnten sich den Weg, und ich schluchzte laut. Heike animierte mich, meine Gefühle zuzulassen. Alles dürfe sein. Ich dürfe nun alles fühlen, was ich bisher nicht mehr fühlen konnte und wollte. Als die Tränen plötzlich versiegten, fühlte ich mich frei!

„Wenn du dir jetzt vorstellst, den Stift auf den Mietvertrag zu setzen, um ihn zu unterzeichnen, was denkst du dann jetzt...?".
Lächelnd fragte mich Heike wieder den bekannten Satz...
Mir fiel jetzt kein Hinderungsgrund mehr ein. Ganz im Gegenteil: **ich spürte auf einmal eine große Freude in mir aufsteigen, eine Leichtigkeit, die ich in den letzten Jahren nie mehr gespürt hatte! Ich WOLLTE diesen Mietvertrag unterschreiben, denn dann wäre ich endlich, ENDLICH FREI!"**

****

Diese Klopfsession habe ich in groben Zügen und mit verändertem Namen wiedergegeben; „Julia" ist nicht der richtige Name meiner Bekannten. Aber ich möchte gern anhand dieses Beispieles verdeutlichen, was man mit EFT erreichen kann...!

Wir klopften ungefähr eine Stunde lang. Danach war Julia gelassen, erleichtert und voller Zuversicht, dass sie eine geeignete Wohnung für sich und ihre Kinder finden kann. Und: es gelang! Sie fand innerhalb einer Woche (!) die ideale Wohnung...

Alle inneren Blockaden, alle inneren, behindernden Glaubenssätze waren verschwunden. Ihr Energiesystem konnte sich nun in einem entspannten Zustand auf DAS konzentrieren, was Julia **wirklich** wollte, und die gesamte Aufmerksamkeit dorthin lenken. Und das, was Julia für sich und ihre Kinder ersehnte, kam umgehend auf wundersame und leichte Weise in ihr Leben!

Das ist eine wahre EFT-Erfolgsgeschichte, und davon gibt es viele!

Julia hat jetzt ihr eigenes Zuhause,
und sie fühlt sich dort sehr wohl mit ihren Kindern... :-)

Anwendungsgebiete von EFT

EFT (Emotional Freedom Techniques) kann uns emotional erleichtern, und zwar auf eine so wunderbare Weise, wie man es sich kaum vorstellen kann.

Ich habe diese Erfahrung machen dürfen, und ich bin zutiefst dankbar dafür. Die enorme Wirksamkeit von EFT ist, was mich begeistert und beeindruckt.

Im Selbstcoaching ist es in der Lage, dich zu unterstützen bei folgenden Thematiken:

- Unentschlossenheit / Zweifel
- Angst
- Wut
- Trauer
- Gefühl von Hilflosigkeit
- Gefühl von Stress

EFT kann sogar - und das ist sensationell (!) - Traumata und Posttraumatische Belastungsstörungen in einigen wenigen Klopfsessions auflösen. Allerdings ist es bei diesen beiden Diagnosen notwendig, sich unbedingt in psychotherapeutische Behandlung zu begeben.

Idealerweise sucht man sich einen Psychotherapeuten, der EFT (Emotional Freedom Techniques) oder auch EMDR (Eye Movement Desensitization and Reprocessing) praktiziert. In seiner Obhut kann man sich dem jeweiligen Thema widmen, ohne eine mehrjährige Psychotherapie machen zu müssen, denn EFT wie auch EMDR wirken schnell und nachhaltig.

Dr. Peta Stapleton, klinische Psychologin aus Australien, forscht an der BOND-UNIVERSITY in Queensland in Bezug auf die Wirksamkeit von EFT.

Im Frühling 2024 gab es einen Online-Kongress von und mit Nick und Jessica Ortner. Im „16th annual Tapping World Summit" wurde Dr. Stapleton gefragt, wieso sie ausschließlich EFT als Tool in der Psychotherapie verwendet. Ihre entschlossene Antwort:

„Es gibt nichts, das an EFT herankommt!".

Die Forschungsergebnisse der Psychologin sind wegweisend! Vielleicht möchtest du mit dem Lesen dieser Studien deine möglichen Zweifel aus dem Weg räumen, um dich EFT wirklich widmen zu können, weil du dann weißt: EFT ist keine „Zauberei"! ;-)
Es gibt viele **wissenschaftliche Studien** zu vielfältigen Einsatzgebieten und der enormen Wirksamkeit von EFT...
Du möchtest mehr darüber wissen? Spannende Forschungsergebnisse über die Wirksamkeit von EFT findest du im Kapitel „Wissenschaftliche Studien".

EFT kann unter fachlicher Leitung angewendet werden und ist wirksam...

- zur Stressreduktion (Senkung des Cortisolspiegels)
- zur Gedächtnisverbesserung
- bei Burnout
- bei chronischen Schmerzen
- bei psychosomatischen Symptomen und Störungen
- bei Heißhungerattacken zur Gewichtskontrolle
  u.v.a.m.

Du hast dir nun einen kleinen Überblick verschaffen können über einige Einsatzgebiete von EFT, und es gibt noch so viele mehr...

EFT wirkt, und das ist nachgewiesen.

Ich nehme dich nun in diesem Buch mit auf eine Reise rund um die EFT-Klopfakupressur. Lass dich gern inspirieren...

Vorab noch einige...

...wichtige Hinweise:

EFT-Klopfakupressur
ersetzt nicht den Gang zum Arzt,
Heilpraktiker oder Psychotherapeuten
und deren Behandlungen.

Bitte suche dir in emotionalen Ausnahmezuständen
und bei diagnostizierten Traumata
Hilfe bei einem Arzt oder Psychotherapeuten.

Die eigenständige Anwendung von EFT
und das Umsetzen der Empfehlungen
geschieht auf eigene Verantwortung und Gefahr.
Es werden in diesem Buch keine Heilversprechen abgegeben.

Praktisches...

...zu deiner Inspiration

Was ist EFT-Klopfakupressur?

EFT (Emotional Freedom Techniques) ist, was der Name verspricht: eine **Technik zur emotionalen Befreiung**.

EFT-Klopfakupressur lädt dich ein, mit sanftem Klopfen auf Akupunkturpunkte dein inneres FÜHLEN zu beeinflussen, also: wirksam werden zu können in Bezug auf deine Emotionen.
Du musst deinen Emotionen nicht hilflos ausgeliefert sein, so dass sie vielleicht dein Leben beeinträchtigen. EFT kann dir helfen, dich von negativen Emotionen zu befreien, und wie das geht, das erkläre ich dir in diesem Buch.

EFT wird angewendet zur Minimierung oder Auflösung negativer Emotionen, wie Angst, Trauer/Traurigkeit, Wut, Zorn, Hilflosigkeit, Schuld, Scham, Verzweiflung, Ausweglosigkeit, etc.

Du kannst auf diese Emotionen Einfluss nehmen, indem du auf bestimmte Akupunkturpunkte klopfst...

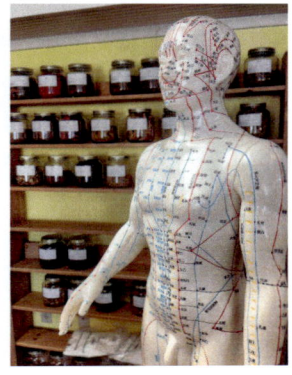

Wie funktioniert EFT?

EFT funktioniert ganz simpel: durch das Klopfen auf bestimmte Akupunkturpunkte wird dieser Punkt jeweils energetisch stimuliert. Diese energetische Stimulation wird an die Amygdala weitergeleitet. Diese ist in unserem Körper dafür zuständig, „Alarm zu schlagen", so dass wir in Gefahrensituationen entweder fliehen, kämpfen oder „uns tot stellen" können: Flight-Fight-Freeze-Modus.

Erleben wir etwas Gefährliches oder Stressiges, sendet die Amygdala Signale an unseren Körper, damit dieser die entsprechenden Hormone ausschüttet. Durch deren Aktivierung sind wir nun flucht- bzw. kampfbereit. Das geschieht ohne unser Zutun. Es läuft unbewusst ab.

Haben wir eine negative Erinnerung an ein Geschehen, also denken wir heute daran, dann ist die Situation, in der wir uns damals befanden, für unser Gehirn im JETZT aktuell. Das Gehirn kennt immer nur das JETZT.

Denken wir an etwas Negatives und/oder an etwas Bedrohliches, glaubt unser Körper JETZT, da ist tatsächlich eine Gefahr. Diese „Gefahr" muss heute gar nicht real sein, aber unser Körper reagiert JETZT mit dem Ausschütten entsprechender Hormone, denn „Gefahr" bedeutet STRESS!

Wie kann man das Stressgefühl beeinflussen? Wie können wir weniger gestresst sein in einer Situation, die wir momentan tatsächlich als stressig erleben oder die sich in unserer Erinnerung immer noch stressig anfühlt?

Wir können klopfen... Wir klopfen ganz leicht auf die Akupunkturpunkte, und dadurch wird ein entspannendes Signal an die Amygdala gesendet. Diese hat nun zwei völlig gegensätzliche Signale zu verarbeiten:

1. sie will uns kampfbereit machen, weil der Stress aus unserer Erinnerung oder in der aktuellen Situation GEFAHR signalisiert,
aber:
2. das sanfte Klopfen auf die Akupunkturpunkte lädt sie ein, sich zu entspannen; es signalisiert: *„Alles ist okay..."*.

Kurz und gut: durch das Klopfen wird die emotionale Verknüpfung zu einer stressigen Situation, die wir als solche empfunden haben oder gerade empfinden, komplett gelöscht.
Es werden neue neuronale Verbindungen geschaffen. Die Angst, die Wut, die Trauer sind am Ende des Klopfprozesses entweder deutlich kleiner oder ganz einfach nicht mehr vorhanden. Der Stresspegel sinkt; wir fühlen uns sofort wohler.

Schnell und nachhaltig erreichen wir „emotional neutrales Terrain"... und fühlen uns umgehend entspannter, leichter und freier!

Ist das nicht phänomenal?

Sich entspannter, leichter & freier fühlen...
...ist das Ziel der EFT-Klopfakupressur.

Lerne, wie EFT angewendet wird, und nutze es in deinem Leben. Es kann deinen Alltag leichter, fröhlicher und letztendlich glücklicher machen, denn:

Wer sich glücklicher FÜHLT,

IST glücklich!

JA!

Ich möchte EFT lernen, ABER...!

Du hast Zweifel, dass EFT wirkt?

Du hast Zweifel, dass EFT wirkt, obwohl es wissenschaftliche Studien zu diesem Thema gibt? Zweifeln ist menschlich, und vielleicht bist du tendenziell eher skeptisch, was neue Methoden angeht, denen du zum ersten Mal gegenüber stehst. Das ist verständlich!

Hier ist die gute Nachricht: du kannst auch deine Zweifel beklopfen!

„Meine Zweifel beklopfen - wie geht denn bitte das? Ha-ha!"

Lustige Vorstellung, oder? Aber sei dir sicher: ein Zweifel ist ein klares NEIN, und ein Nein ist ein STOPPSCHILD für alles, was du gerne erreichen möchtest. Also überlege es dir: du kannst dir jetzt die Technik mal anschauen und dich belesen, und dann beklopfe zuallererst deine Zweifel, damit du den Weg frei machst in die Möglichkeiten, die EFT wahrlich zu bieten hat...

Wo findest du die Punkte?

Wo findest du die Punkte der EFT-Klopfakupressur?

Sie sind an der Hand zu finden, am Kopf und am Oberkörper. Sie können nacheinander beklopft werden, mit einem ganz leichten Klopf-Impuls. Idealerweise klopft man von der Handkante ausgehend über den Kopf (von oben nach unten), am Oberkörper und wieder an der Hand. Dann hat sich der Kreis geschlossen, und zwar - so wie ich normalerweise klopfe - am **Handkantenpunkt.**

Du findest ihn, wenn du deine Finger ganz leicht beugst. Dort, wo an der Handkante eine kleine „Falte" entsteht, liegt der Punkt. Ihn benutzen wir für die sogenannten Einstimmungssätze, zu denen wir später noch kommen.

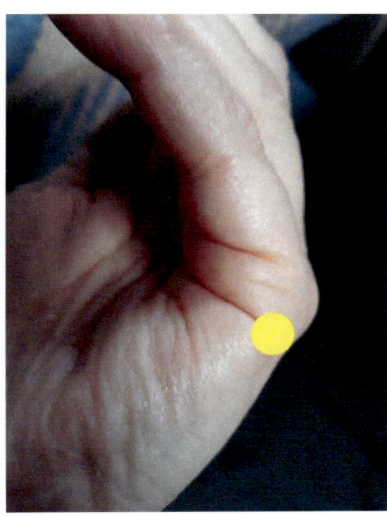

Der nächste Punkt liegt **mittig oben auf dem Kopf**, direkt auf dem Mittelscheitel, an der höchsten Stelle des Kopfes.

Wenn man mit drei Fingern ganz leicht dort klopft, erwischt man ihn auf jeden Fall. Hinweis: Diesen Punkt darf man nicht bei einem Säugling klopfen, weil bei ihm die Fontanelle noch nicht geschlossen ist. Ansonsten können Kinder später diesen Punkt genauso nutzen wie alle Erwachsenen auch.

Der Augenbrauen-Punkt liegt auf dem Knochen zwischen Nasenwurzel und Augenbrauen-Ansatz.

Hier nochmal die Grafik von der letzten Seite zum leichteren Finden der Punkte:

Seitlich vom Auge liegt der nächste Punkt. Viele klopfen auf der Schläfe, aber eigentlich liegt der Punkt direkt seitlich vom Auge <u>auf</u> dem Knochen. Bitte NICHT IM Auge klopfen!
Unter dem Auge findest du den nächsten Punkt, indem du im Jochbein, dem Knochen unter dem Auge, mittig eine kleine Vertiefung erspürst. Genau dort liegt der Punkt.

Unter der Nase mittig zwischen Oberlippe und Nase klopfen.

Auf dem Kinn liegt der Punkt mittig - im Grübchen.

Das waren alle Punkte am Kopf.

Nun kommen die Punkte am Oberkörper:

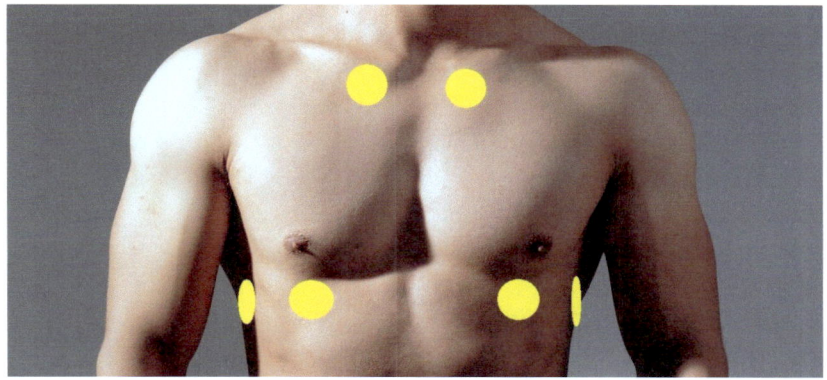

Unterhalb der Schlüsselbeine liegt jeweils links und rechts ein Punkt in einer leichten Vertiefung auf dem Brustbein. Klopfe dort auch gern mit der flachen Hand mittig auf dem Brustbein, dann erwischst du die Punkte auf jeden Fall.

Der Punkt unterhalb der Brust wird selten genutzt, da die meisten sich nicht wohl fühlen, wenn sie ihn beklopfen. Ich nutze ihn, um alle Meridiane beklopft zu haben.
Dieser Punkt liegt ungefähr 2,5 cm direkt unterhalb der Brustwarze des Mannes. Frauen müssen oft ihr Brust anheben, um ihn zu treffen. Deshalb vermeidet man ihn meistens beim Klopfen in der Öffentlichkeit, wie z.B. in Videos oder bei Bühnenvorträgen. Du willst ihn nutzen? Beklopfe ihn jeweils leicht mit der Handkante.

Den **Punkt unter dem Arm** seitlich auf den Rippen findest du, wenn du deine Hand direkt in die Achsel legst, dann genau eine Handbreit runterrutschst, wo bei Frauen der BH entlanggehen würde. Mit der flachen Hand leicht klopfen.

Die Punkte an der Hand:

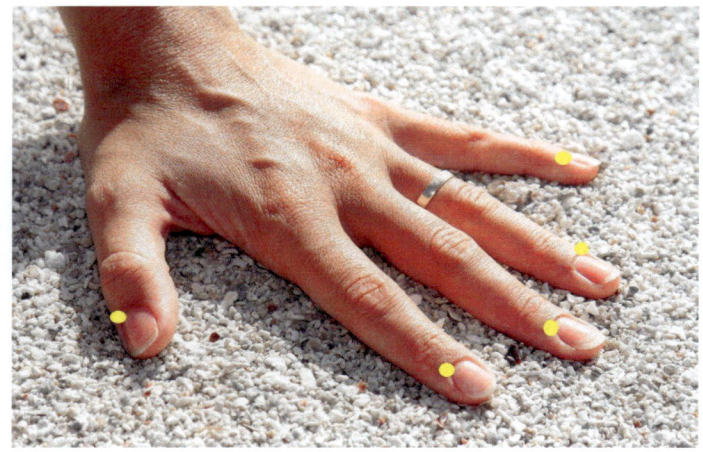

Halte deine Hand vor dich, den Handrücken von dir weg gerichtet und die Handfläche zu deinem Körper, den Daumen nach oben.

Am **Daumen** ist es der obere Punkt direkt im Nagelfalz.

Am **Zeigefinger** ist es der obere Punkt direkt im Nagelfalz.

Am **Mittelfinger** ist es ebenso der obere Punkt im Nagelfalz.

Am **Ringfinger** (und das ist NICHT nach Cary Graig) findet man den Meridian auf der unteren Seite im Nagelfalz.

Und am **Kleinen Finger** ist es wieder der obere Punkt im Nagelfalz.

Dann kehrt man im Klopfprozess wieder zum **Handkanten-Punkt** zurück.

Das sind alle Punkte, die in der EFT-Klopfakupressur verwendet werden... Ganz leicht zu merken, wenn man sie ein paar Mal beklopft hat. Das ist wirklich einfach! Sogar Kinder können sich die Punkte sehr gut merken.

Noch ein Tipp, weil das oft gefragt wird in meinen Online-Vorträgen: man kann nur links, nur rechts oder beidseitig klopfen, wie man möchte. Wechselseitig geht auch. Sei da bitte ganz frei, es so zu machen, wie es sich für dich stimmig anfühlt...
EFT soll dir mehr Wohlgefühl bringen, deinen Stresspegel reduzieren und dich mitnehmen auf eine Reise zu dir selbst. Es gibt kein „Muss", kein „Soll". Du bist frei, die Punkte in DER Reihenfolge abzuklopfen, wie du es möchtest. Sinnvoll ist es allerdings, ALLE Punkte zu beklopfen, wenn du Zeit und Raum dafür hast.

Bist du im Bus oder im Büro in einer Besprechung und fühlst dich gerade durch irgendetwas gestresst, dann klopfe unerkannt den Handkantenpunkt. Auch das hilft schon ein wenig, bis du wieder ungestört alle Punkte beklopfen kannst...

Hier findest du alle Punkte in einem Video:

YouTube „**EFT mit Heike**"

EFT-BASICS
1. EFT-Klopfpunkte

Wende EFT regelmäßig an,
damit du Erfolge spürst, die dich motivieren!

Die Leichtigkeit, die man erreichen kann,
wenn man seine emotionalen Themen abklopft und
auflöst, vergleiche ich gern mit der Leichtigkeit eines
Schmetterlings.

Er ist so zart und so frei...

Erobere dir eine völlig neue Welt der Wahrnehmung!

Welche Meridiane werden beklopft?

Nun noch eine kurze Übersicht, welchen Meridianen die Punkte der EFT-Klopfakupressur zugeordnet sind. Tatsächlich ist jeder Punkt der EFT-Klopfakupressur auf einem anderen Meridian zu finden, so dass alle Meridiane beklopft werden im Laufe des Klopfprozesses. Dadurch wird jeder Meridian energetisch stimuliert, und so können emotionale Blockaden gelöst werden.
Die Zuordnungen sind wie folgt:

Punkte EFT-Klopfakupressur	Meridian
Handkantenpunkt	Dünndarm
Kopfmitte + Unter der Nase	Gouverneurs-/Lenkergefäß
Augenbrauen-Punkt	Blase
Seitlich vom Auge	Gallenblase
Unter dem Auge	Magen
Auf dem Kinn	Zentralgefäß
Schlüsselbein-Punkte	Niere
Unter der Brust	Leber
Unter dem Arm	Milz-Pankreas
Daumen	Lunge
Zeigefinger	Dickdarm
Mittelfinger	Kreislauf-Sexus
Ringfinger & Gamut-Punkt	Dreifacher Erwärmer
Kleiner Finger	Herz

Alle Meridiane zu beklopfen, heißt, „Psychohygiene" zu betreiben. Du nimmst durch das EFT-Klopfen positiven Einfluss auf mögliche Energie-Blockaden in den aus der Traditionellen Chinesischen Medizin bekannten Energieleitbahnen im Körper. Auf diese Weise kannst du selbst deine Emotionen coachen. Das ist sensationell!

EFT-Klopfakupressur wird der „Energiepsychologie" zugeordnet, und die Erfolge mit dieser Methode sind enorm!

Das alte Wissen der „Traditionellen Chinesischen Medizin" ist seit zig Generationen überliefert und sehr wertvoll. Wir als medizinische Laien können uns nicht selbst akupunktieren; dazu gehört eine fachliche Ausbildung. Aber wir können auf Akupunkturpunkte klopfen und uns unsere energetischen emotionalen Blockaden regelrecht wegklopfen. Wir dürfen uns bedanken, dass sich dieses sagenhafte Wissen rund um die Energieleitbahnen im Körper weltweit verbreitet hat und wir es auf eine einfache, leicht im Alltag zu verwendende Weise nutzen können...

Die richtigen Sätze finden

Beginnen kannst und solltest du den EFT-Klopfprozess mit dem sogenannten Einstimmungssatz:

„Auch, wenn... (ich dieses oder jenes Problem habe:
bitte DEIN THEMA so präzise und detailgetreu
wie möglich beschreiben),
liebe und akzeptiere ich mich voll und ganz!".

Beispiel:
*„Auch, wenn ich... traurig bin, weil ich meinen Job verloren habe und mich der Gedanke plagt, dass ich nie wieder eine so tolle Arbeitsstelle mit so lieben Kollegen finden kann, **liebe und akzeptiere ich mich voll und ganz!".***

Wir schaffen einen „Akzeptanzbereich". Wir signalisieren unserem Energiesystem, unserem Unterbewusstsein:

**„Auch, wenn ich ein Problem habe,
bin ich richtig, wie ich bin!".**

Das ist die Aussage, die wir mit diesem Satz treffen, dies ist die „sichere Grundlage", die wir schaffen. Wir lieben und akzeptieren uns, ganz gleich, welches Problem wir haben. Das ist gelebte Selbstliebe und gelebte Selbstakzeptanz.
Sollten wir dies (noch) nicht fühlen können, dass wir uns „voll und ganz lieben und akzeptieren" (manche Menschen können das nicht), dann können wir auch sagen:

*„Auch, wenn...
...liebe und akzeptiere ich mich, so gut ich eben kann."*

Schaffe einen Akzeptanzbereich. Erkenne dich so an, wie du bist und mit allen Problemen, die du gerade hast.

Sage diesen Satz, in welchem du deine Emotion und dein Thema so konkret wie möglich benennst, insgesamt dreimal laut auf, während du ganz leicht den Handkantenpunkt klopfst.

Beispiele:

„Auch, wenn ich... Angst vor dem Zahnarzt habe und mir ganz schlecht wird, wenn ich nur an das Geräusch des Bohrers denke, liebe und akzeptiere ich mich voll und ganz!".

„Auch, wenn ich... traurig bin, weil mein Hund heute verstorben ist und ich nun ganz allein bin und mich total einsam fühle, liebe und akzeptiere ich mich voll und ganz!".

„Auch, wenn ich... mich schäme, dass ich meiner Mutter nicht beigestanden habe, als sie ins Pflegeheim kam, obwohl sie das nicht wollte und sie wirklich immer für mich da war, liebe und akzeptiere ich mich voll und ganz!".

YouTube **„EFT mit Heike"**

EFT-BASICS
2. Die richtigen Sätze finden

Skaliere die Intensität
deiner (belastenden) Emotion

Kennst du dein Thema? Benenne es, schreib es auf. Kennst du die dazugehörige Emotion, die du beklopfen möchtest? Dann stell dir vor, du hast eine Skala von 0 bis 10.

10 = maximale emotionale Belastung
0 = gar keine emotionale Belastung

Du wählst intuitiv eine Zahl, wie „groß", wie „stark" deine belastende Emotion ist.

Folgende Emotionen / Gefühle sind oft vorhanden in Klopfprozessen. Hier eine kleine Auswahl, die dir das Benennen deiner Emotion möglicherweise etwas leichter macht, solltest du dir nicht ganz sicher sein, was du gerade genau fühlst...

Angst
Scham
Traurigkeit
Ärger / Wut

Ich unterteile die negativen Grundemotionen in weitere Begriffe, damit du genau benennen kannst, wie du dich fühlst.

Je präziser du dein Gefühl benennst, umso größer die Chance, es klarer zu **fühlen** und es somit schneller aufzulösen...

Angst

- Besorgt
- Phobisch
- Hilflos
- Vorsichtig
- Verklemmt
- Zerbrechlich
- Feige
- Misstrauisch
- Eingeschüchtert
- Entmutigt

Scham

- Unwürdig
- Schuldig
- Reue

Traurigkeit

- Unglücklich
- Betrübt
- Weinerlich
- Einsam
- Deprimiert
- Verzweiflung
- Enttäuschung
- Jammernd

Ärger / Wut

- Sauer
- Hass
- Rachsüchtig
- Eifersüchtig
- Bösartig
- Verachtung
- Intoleranz
- Sadistisch
- Entnervt
- Feindselig
- Aggressiv
- Kritisch
- Aufgewühlt
- Zurückgewiesen
- Neid

(1* Emotionsliste)

Ganz gleich, welche Emotionen du fühlst, verurteile dich für keine einzige. Bewerte nicht, was du fühlst.

ALLE EMOTIONEN haben ihre Berechtigung!

Es ist, als würden sie aussprechen, was der Verstand nicht zu erfassen vermag. Da gibt es m e h r in uns als Gedanken...
Es gibt eine Ebene, die uns Leben verleiht, die unser Leben versüßen oder es zur Hölle machen kann: unsere Emotionen!

**Unsere Emotionen sind der Schlüssel
zu unserem (gefühlten) Glück oder Unglück.**

Es gibt Menschen, die kaum oder keine Emotionen fühlen können, wie z.B. Psychopathen. Wie können sie lieben, sich freuen oder glücklich sein? Es geht nicht!

Emotionen sind der Spiegel der Lebendigkeit in uns. Haben wir allerdings negative Emotionen, können wir uns auch „lebendig" fühlen, wenn uns Hass antreibt oder aber enorme Trauer. Aber GLÜCKLICH sind wir, wenn wir negative Emotionen durch Klopfen auflösen können, denn dann ist der Weg frei, glücklich zu sein, **GLÜCK FÜHLEN zu können...**

Lass dich ein auf deine Emotionen...

Wie stark ist deine Emotion? Skaliere sie. Und dann notiere dir die Zahl, denn so machst du deinen ganz individuellen EFT-Erfolg messbar. In der Regel sinkt die belastende Emotion pro Klopfrunde (alle Punkte durchklopfen) um je einen Punkt. Das ist aber nur ein grober Richtwert, eine Idee, was geschehen kann. Manchmal geht es schneller und manchmal langsamer... Probiere es aus!
Nach jeder einzelnen Klopfrunde kannst du neu skalieren. Oder du absolvierst drei (oder mehr) Klopfrunden und skalierst dann nochmal neu - wie du magst. Notiere dir auf jeden Fall am Ende deiner Klopfrunden - ganz gleich, wie viele du gemacht hast - dein Ergebnis. Das ist wichtig, damit du motiviert bleibst, weiter zu klopfen...

YouTube **„EFT mit Heike"**

EFT-BASICS
3. Skaliere die Intensität deiner Emotion

Der Klopfprozess

Hast du dreimal den Einstimmungssatz aufgesagt, ist es nun an der Zeit, den Klopfprozess an den anderen Punkten fortzusetzen.

Du benennst deine Emotion so genau wie nur möglich, und klopfst der Reihe nach alle Punkte ab, die ich vorhin gerade beschrieben habe.

Sei so exakt wie möglich beim Benennen deines Problems / deiner emotionalen Belastung.

Klopfe so lange alle Punkte, bis du eine deutliche, emotionale Erleichterung verspürst. Dann kannst du eine Pause machen und die Intensität deiner Emotion neu skalieren, um zu schauen, ob sich GEFÜHLT etwas in dir verändert hat.

Liegt der Wert noch über drei, kannst du - wenn du magst - weiterklopfen... Entscheide selbst, wie lange du klopfen magst. Ideal wäre, du klopfst so lange weiter, bis dein Wert unter drei liegt. Das ist in jedem Fall eine deutliche, emotionale Erleichterung.

Ob du einseitig klopfst, weil du vielleicht an deiner Hand verletzt bist, oder ob du beidseitig klopfst: das bleibt dir überlassen. Erreichst du nicht alle Punkte, weil du dich nicht gelenkig genug fühlst, um genau dort zu klopfen (bei Schulterproblemen kann das leicht mal passieren), dann klopfe eben DIE Punkte, die du erreichen kannst.

Es gibt kein „ICH MUSS". Es gibt nur ein „ICH KANN"...

Sei gut zu dir! Stelle nicht noch mehr Anforderungen an dich beim Ausüben einer Technik, die dir emotionale Erleichterung verschaffen soll. Sei sanft, sei sacht. Klopfe federleicht und atme ruhig. Sprich aus, was du fühlst und was an Gedanken und Gefühlen in dir hochkommt. ALLES DARF SEIN!

Hast du das Gefühl, etwas fordert dich emotional gerade sehr, du musst weinen, dann weine und klopfe weiter. Meistens stellt sich dann – nachdem die Emotion nochmals aufwallt wie eine große Welle – schnell die angestrebte Erleichterung ein. Sollte das nicht klappen, dann schau bitte ganz genau, ob du die passende Emotion ausgesprochen hast. Oft versteckt sich eher ein Gefühl von Wut hinter einer vermuteten Traurigkeit, wenn beispielsweise bei einer Trennung oder auch im Todesfall der Partner einen verlassen hat.

Man empfindet vielleicht...

... Wut, weil er oder sie so plötzlich gegangen ist.
... Wut, weil man nun alleine dasteht.
... Wut, weil das Leben einem so „übel mitspielt".

Beklopfst du ausdauernd deine Traurigkeit, bist aber eigentlich wütend, weil du alleingelassen / zurückgelassen wurdest, dann kann sich beim Beklopfen nicht die Leichtigkeit und Entspannung einstellen, die du anstrebst und erhoffst, weil du die passende Emotion nicht gefunden hast. Das ist auch der am meisten gemachte „Fehler", der den Erfolg von EFT verhindert.

EFT funktioniert! Versprochen! Man muss nur herausfinden, welche Emotionen wirklich am Wirken sind...

Wir nehmen uns jetzt mal ein Beispiel her (die Angst vor dem Zahnarzt) und schauen uns an, wie man Sätze richtig formuliert. Du kannst dein Thema benennen und dann das Erlebte, deine Gedanken und Gefühle regelrecht erzählen wie eine Geschichte. Währenddessen klopfst du... Achte auf alles, was sich während des Klopfprozesses zeigt und nimm es wahr. Vielleicht führt dich eine Erinnerung zurück in die Kindheit. Beklopfe sie. Lass dich „führen"...

Beispiel-Klopfsession für Anfänger:

„Auch, wenn ich... Angst vor dem Zahnarzt habe und mir ganz schlecht wird, wenn ich nur an das Geräusch des Bohrers denke, liebe und akzeptiere ich mich voll und ganz!".

(3x aufsagen und den Handkantenpunkt klopfen)

Dann die Punkte der Reihe nach abklopfen. Du sagst immer einen Satz bei jedem Punkt:

„Ich bin ängstlich, wenn es darum geht, zum Zahnarzt zu gehen.

Schon der Weg dorthin läuft sich schwer.

Ich habe das Gefühl, ich habe Pudding in meinen Beinen.

Mir ist auch wirklich total schlecht vor Aufregung.

Was er wohl heute wieder machen wird?

Ich fühle mich so ausgeliefert, wenn ich auf dem Zahnarztstuhl sitze...

Das ist wirklich ein schreckliches Gefühl!

Ich spüre meine Angst in meinem Bauch...

Gleich muss ich die Tür zur Praxis öffnen.
Oh weh, ich bin gleich da!

Diese speziellen Gerüche dort... - die mag ich überhaupt nicht.

Dieser widerliche Geruch in der Zahnarztpraxis.

Der Geruch erinnert mich an früher...

...als ich ein Kind war.

Da kam ich einmal in die Praxis,

und da hat es dort auch so gerochen.

Ich hasse diesen Geruch!

An diesem Tag war der Zahnarzt unfreundlich zu mir und hat mich ausgeschimpft,

weil ich meine Zahnspange nicht regelmäßig getragen hatte.

Ich habe mich ganz klein gefühlt.

Und ich habe mich geschämt, denn er hatte Recht.

Ich hatte sie nicht ausreichend getragen.

Die Spange war so unangenehm.

Meine Zähne taten so weh.

Und jetzt fällt mir wieder ein, was er zu mir sagte:

„Wenn du die Spange nicht trägst,

dann behältst du schiefe Zähne dein Leben lang."

Es war gar nicht der Satz selbst,

der mich getroffen hat,

sondern die Art und Weise,

wie er mich ansah.

Und WIE er den Satz sagte...

Das war so vorwurfsvoll.

So hat meine Mutter mich auch immer angeschaut,

wenn ich wieder etwas „falsch gemacht hatte" in ihren Augen.

Dann war ich nichts wert.

Ich war ein Versager...

Nichts konnte ich richtig machen.

Sie hat mich immer genauso angeschaut wie der Zahnarzt."

Hier sind wir vielleicht gerade bei einer ursprünglichen Situation angekommen: die Mutter hat „so geschaut" und uns das Gefühl gegeben, nichts wert zu sein. Was auch immer zu diesem Gefühl der Wertlosigkeit führte, es k ö n n t e dafür verantwortlich sein, dass wir DESHALB nicht zum Zahnarzt gehen wollen, da wir ANGST haben, uns wieder genau so wertlos zu fühlen. Möglicherweise gibt es in unserem Unterbewusstsein eine Verknüpfung zu einem einstigen Gefühl in der Vergangenheit. Das muss uns kein bisschen bewusst sein.

EFT holt diese Erinnerungen hoch. Schaffst du es (noch!) nicht, das so zu machen, wie hier beschrieben, auf dass dich Erinnerungen und Gefühle leiten, dann klopfe erst einmal für den Anfang:

„Meine Angst vor dem Zahnarzt.

Ich habe wirklich große Angst.

Ich fürchte mich, wenn ich nur an den Bohrer denke.

Ich gehe dort nicht gerne hin.

Ich fühle mich nicht gut, wenn ich auf dem Stuhl sitze.

Meine Hände werden dann immer ganz feucht vor Aufregung."

Je öfter du EFT machst, umso mehr werden sich Erinnerungen zeigen, umso mehr werden versteckte, verdrängte Gefühle an die Oberfläche kommen, um gesehen und gehört zu werden – vielleicht erstmalig nach sehr langer Zeit!

Das ist deine Chance, ihnen jetzt zuzuhören, sie ernst zu nehmen und ...aufzulösen!

Neue Räume erschaffen

Hast du deine belastenden Emotionen abgeklopft und das Gefühl, dass dir schon leichter wird, dann kannst du „neue Räume erschaffen".

Du hast deine negative Emotion erkannt und benannt.

Du hast sie in ihrer Intensität skaliert und beklopft.

Und nun kannst du, wenn deine emotionale Belastung deutlich gesunken ist, nochmal einige Klopfrunden dranhängen und den RAUM für neue Möglichkeiten schaffen...

„Auch, wenn ich... vielleicht immer noch etwas Angst vor dem Zahnarzt habe, öffne ich jetzt den Raum dafür, dass es sich beim nächsten Zahnarztbesuch alles schon viel besser und ruhiger in mir anfühlt, und ich liebe und akzeptiere mich voll und ganz!".

(3x aufsagen und den Handkantenpunkt klopfen)

Dann die Punkte der Reihe nach klopfen, während du immer pro Punkt einen Satz sagst:

Ich öffne jetzt den Raum dafür, dass meine Angst klein wird und immer kleiner.

Ich stelle mir vor, wie sie schrumpft und gar nicht mehr zu sehen ist.

Ich öffne den Raum für Mut, denn ich will mutig sein und mich meinen Themen stellen.

Ich öffne den Raum dafür, dass ich mich wohl und sicher fühlen darf beim Zahnarzt, auch, wenn ich mir das gerade noch nicht vorstellen kann.

Ich öffne den Raum in meiner Vorstellung, dass ich entspannt und glücklich auf dem Zahnarztstuhl sitze, sage, was mir wichtig ist und mich aufgehoben und geborgen fühle.

Wie fühlt sich das für dich an? Gut und schon ein bisschen wahr? Oder fühlt sich das an, als würdest du „Unsinn" reden?

Wenn es sich noch nicht gut und wahr anfühlt, kehre nochmals zurück zur belastenden Emotion und beklopfe sie wiederholt ausgiebig. Erst dann starte einen zweiten Versuch mit dem „Erschaffen neuer Räume"...

YouTube **„EFT mit Heike"**

EFT-BASICS
4. Neue Räume erschaffen

9 Gamut Prozedur

Positives verankern kann man mit der „9 Gamut Prozedur". Sie wird heute gar nicht mehr so oft genutzt, aber sie ist – denke ich – von großer Bedeutung, deshalb nehme ich sie mit in dieses Buch auf.

Du hast alles beklopft, was dir wichtig war an diesem Tag, mit diesem Thema. Du fühlst eine deutliche Erleichterung? Dann kannst du das positive Gefühl „verankern" mit der „9 Gamut Prozedur", die dir vielleicht merkwürdig erscheint, aber wichtig ist. So lässt sich das Erreichte nachhaltiger etablieren in deinem energetischen System...

Du bist fertig mit dem Klopfprozess? Klopfe zum Abschluss mit drei Fingern auf dem Handrücken in der Vertiefung zwischen dem Ringfinger und dem Kleinen Finger. Diese Stelle nennt man den „Gamut-Punkt".

Du klopfst konstant auf dem Handrücken den Gamut-Punkt, während du folgende - vielleicht etwas seltsam anmutende - Prozedur vollziehst:

- Schau gerade aus.

- Schließ deine Augen.

- Schau gerade aus.

- Schau scharf nach rechts unten (aber nur mit den Augen, NICHT den Kopf bewegen).

- Schau gerade aus.

- Schau scharf nach links unten (wieder nur mit den Augen, NICHT den Kopf bewegen).

- Beschreibe nur mit den Augen (nicht mit dem Kopf) eine Kreisbewegung IM Uhrzeigersinn. Stell dir das Ziffernblatt einer Uhr vor: beginne bei der 12 und ziehe den Kreis mit den Augen IM Uhrzeigersinn wieder bis zur 12.

- Beschreibe nur mit den Augen (nicht mit dem Kopf) eine Kreisbewegung GEGEN den Uhrzeigersinn.

- Schau gerade aus und summe eine kleine Melodie.

- Zähle rückwärts von 5 bis 1.

- Summe wieder eine kleine Melodie.

Durch das Summen und Zählen werden beide Gehirnhälften angesprochen, und das Klopfen auf dem Meridian „Der dreifache Erwärmer" soll die positiven Gefühle sozusagen „verankern".

Das sind alle wesentlichen Grundlagen (BASICS) der EFT-Klopfakupressur. Weitere wichtige Informationen und tolle Tipps rund um EFT findest du in den nächsten Kapiteln. Aber du hast jetzt eine Basis, mit der du arbeiten kannst. Nun braucht es Übung! Dabei hilft dir auch mein YouTube-Kanal...

YouTube „EFT mit Heike"

EFT-BASICS
5. 9 Gamut Prozedur

Mein YouTube-Kanal „EFT mit Heike"

Wie du ja nun schon an den Verlinkungen unterhalb der Texte gesehen hast, gibt es sogenannte „BASICS-Videos" in meinem YouTube-Kanal, die du dir anschauen kannst.

Den Kanal habe ich eingerichtet, um EFT in die Welt zu tragen - auf meine ganz eigene Weise. Wenn du Interesse hast, schau dich gern um und stöbere in meinen diversen Playlists. Es lohnt sich!

Es gibt verschiedene Beispiel-Klopfsessions, Videos für Kinder mit Handpuppe Tina und jede Menge inspirierende Videos rund um das Thema „emotionale Erleichterung".

**Abonniere gern meinen Kanal!
Ich freu mich auf dich!**

EFT mit Heike

Herzlich willkommen! Ich biete dir in meinem YouTube-Kanal „EFT mit Heike" EFT-basierte Klopfakupressur zum Mitmachen an. Sie soll dir Entspannung und mehr Leichtigkeit bringen sowie Stress mindern. Ich möchte dir helfen, diese phänomenal einfache, aber äußerst effektive Technik SELBST anwenden zu können. Du bist eingeladen, dich inspirieren zu lassen - auf SPIELERISCHE WEISE und gerne gemeinsam mit deinen Kindern...

Als zertifizierte Mentaltrainerin & EFT-Coach möchte ich dir mein Wissen über EFT vermitteln. Hilf dir selbst, indem du klopfst und blockierte Energien wieder in Fluss bringst, wo vorher negative Gefühle, Gedanken und Glaubenssätze dein Wachstum unbewusst verhindert haben.

Transformation - das ist kein Traum! Ich selbst habe es erlebt und bin begeistert, und vielleicht kann ich diese Begeisterung an dich weitergeben!

Herzlichst Heike :-)

Kernthemen aufstöbern und auflösen

„Kernthemen" sind DIE grundsätzlichen und tiefgreifenden Themen im Leben, die uns...

... am erfolgreichen Vorankommen,
... an der Entfaltung unserer eigentlichen Persönlichkeit und unserer ureigenen Talente,
... am Erreichen unseres Lebensglückes

hindern können, und das oft sehr effektiv.

Die Hoffnung, dass sich diese „inneren Behinderungen" - wie ich sie hier gern bezeichnen möchte - von selbst auflösen und wie Seifenblasen in der Luft zerplatzen, muss ich wohl zerschlagen. Techniken, die Kernthemen auflösen können, sind nach meiner Erfahrung:

- EFT-Klopfakupressur
- EMDR (Eye Movement Desensitization and Reprocessing)
- Mentaltraining
- Schamanische Heilarbeit.

Kernthemen sind widerstandsfähig und gegen Auflösungs-versuche oft erst einmal recht resistent. Sie „dienen unserem Besten", denn: alles in uns will das Beste für uns. Klingt komisch? Etwas, das uns „behindert", will „das Beste" für uns?
Es gibt verschiedene Anteile in unserem Unterbewusstsein, nicht nur „schwarz oder weiß", nicht nur pro und kontra. Es gibt feine Abstufungen, Nuancen „innerer Anteile".

Einzelne Anteile können uns tatsächlich massiv blockieren, wenn sie „glauben", dass die von uns angestrebte Veränderung „gefährlich" sein könnte.

Wenn „innere Anteile" ein Vorankommen behindern, weil sie uns einfach nicht in die emotionale Erleichterung lassen, dann kämpfen sie dafür mit der Intention, uns zu beschützen. Sie glauben, sie beschützen uns, denn wenn wir weiterkommen würden, dann... wären wir vielleicht in Gefahr.

Fakt ist:

ALLES IN UNS IST FÜR UNS!

Das ist mir ganz wichtig, festzuhalten!

Kommst du also mit irgendetwas nicht weiter, entdeckst du Muster in deinem Leben, die du nicht ändern kannst, obwohl du sie eigentlich ändern willst, dann... könnten gewisse Anteile in dir den Erfolg verhindern, weil... sie dich beschützen wollen.

Man darf die „inneren Anteile" nach und nach überzeugen, dass die neue, angestrebte Entwicklung NICHT gefährlich ist. Dafür muss man den ihnen zugrunde liegenden Glaubenssatz finden und auflösen, der sozusagen das „Computer-Programm" der „inneren Anteile" darstellt. Sie führen diesen Glaubenssatz treu und zuverlässig aus und wollen eigentlich nur unser Bestes. Sie sind wie „Wächter", die unsere Überzeugungen bewachen, weil diese die Basis unserer Handlungen sind.

Hier ist detektivischer Spürsinn gefragt! Es ist keinesfalls einfach, Kernthemen aufzustöbern und sie aufzulösen, aber es ist machbar. Diese Tiefenarbeit bietet ein sagenhaftes Potential, sich in seinem Leben innerlich neu auszurichten!

Der Wächter in uns schützt unsere „Programme", die wir abgespeichert haben und die bisher erfolgreich gelaufen sind. Einige von ihnen stammen noch aus unserer Kindheit und wurden sozusagen ungefiltert von engen Bezugspersonen übernommen. Diese „Programme" sicherten unser Überleben und haben sich bewährt. Aber nicht immer sind sie förderlich für unser Wachstum.

Wir dürfen mit dem Wächter reden und ihn überzeugen, dass wir ihn dort an dieser Stelle jetzt nicht mehr brauchen. Er darf später unsere neuen, positiven Programme bewachen, mit deren Hilfe wir uns entwickeln und entfalten können nach Herzenslust! Aber nicht immer ist es leicht, ihn zu überreden... Da kann dann manchmal nur ein Coach helfen, der sich so richtig gut auskennt mit den Innenwelten rund um unsere Emotionen...

Wie kommst du nun trotzdem an deine Kernthemen?
Und vor allem: wie kannst du sie auflösen?

An die wirklich wichtigen Kernthemen kommt man nicht nach zwei Minuten Klopfen heran, auch nicht nach drei Stunden. Ich persönlich habe ein gutes halbes Jahr täglich geklopft, bis sich meine Kernthemen nach und nach zeigten.

Das Aufspüren solcher tief verankerten Muster ist echte Detektivarbeit. Das braucht Übung, Ausdauer und Feingefühl, um die richtigen Emotionen hinter den wirklich wichtigen Ereignissen zu finden. Dies alles braucht Zeit!

Es soll dich nicht entmutigen, wenn du liest, dass ich viele Monate intensiven Klopfens brauchte, um an meine wesentlichen Themen zu kommen. Ich kann nur sagen:
Bleibe dran, klopfe...!

Jedes bisschen EFT macht den Weg frei, dich leichter und besser fühlen zu können...

Es lohnt sich, jeden noch so kleinen Weg zu gehen im Klopfprozess, und seien es heute nur fünf Minuten. Du kommst in jedem Fall voran!

Hast du den Anspruch - so wie ich -, deine „Kernthemen" finden zu wollen, hast du genau zwei Möglichkeiten. Entweder du suchst dir einen Coach, der dich anleitet und durch diesen Erkenntnisprozess mit seiner Erfahrung und seinem Know-how führt... oder du beliest dich, belegst selbst einen EFT-Kurs und lernst diese Methode. Dass man die Kernthemen als EFT-Anfänger selbst aufstöbern und auflösen kann, halte ich persönlich für unwahrscheinlich.

Ich denke da einfach an meine ganz eigene Unerfahrenheit VOR dem ersten EFT-Coaching, das mein Leben veränderte, und an die Zeit, als ich EFT lernte. Da gab es so viel zu entdecken und zu lernen, dass es nach meinem Verständnis von EFT wohl eher nicht möglich ist, die behindernden Muster und Verstrickungen ohne Ausbildung in diesem Bereich aufspüren und auflösen zu können. Das soll jetzt nicht abschrecken, es soll dir aufzeigen, dass EFT nicht nur „irgendeine Klopferei" ist, sondern Tiefenarbeit auf Ebenen, die das Unterbewusstsein erreichen können.

Du willst deine Kernthemen aufstöbern? Such dir einen Coach oder lerne EFT in (Online-)Kursen! Du kannst das!

Selbstsabotage

NICHT voranzukommen erscheint unserem Unterbewusstsein manchmal verlockender und sicherer als... alte Muster aufzugeben und Neuland zu betreten.

WIR sind das ausführende Organ dieser Überzeugung.

WIR befolgen diesen Befehl, indem wir...

- Ausreden erfinden, warum, weshalb, wieso wir gerade nicht klopfen können.

- das Buch, das wir über EFT gerade gekauft haben, doch (noch) nicht lesen können, weil... wir doch so viele andere, „wichtigere Dinge" zu tun haben.

- den EFT-Kurs, den wir eigentlich machen wollten, absagen müssen, weil... uns ein Schnupfen ereilt hat.

- „diese Klopferei" nicht ernst nehmen und uns davon abwenden.

Ich kenne diese Ausreden. Ich habe das alles erlebt. Irgendwann wurde mir bewusst:

**Alles, was ERFOLG versprechen könnte,
wird von mir höchstpersönlich sabotiert.**

Schreiten wir mit unserem Bewusstsein voran, kann es sein, dass wir BEMERKEN, dass wir Dinge, die uns eigentlich gut tun würden, NICHT machen, und gar nicht wissen, wieso das so ist.

Wir wollen, aber irgendwie können wir nicht. Es ist, als würde uns eine unsichtbare Macht davon abhalten, uns Gutes zu tun, damit wir endlich glücklich werden können!

Und wenn dein Selbstsabotage-Programm wieder einmal „ganze Arbeit leistet" und dich davon abhält, EFT anzuwenden, weil dieses oder jenes dagegen spricht, dann kann ich nur sagen:

Überwinde dich einmalig und klopfe, beklopfe deinen inneren Widerstand!

„Auch, wenn ich einen starken inneren Widerstand spüre und überhaupt nicht klopfen will, liebe und akzeptiere ich mich voll und ganz."

„Auch, wenn ich diese Klopferei albern finde und nicht weiß, was sie bringen soll, liebe und akzeptiere ich mich voll und ganz."

„Auch, wenn ich zweifle, dass EFT bei mir wirkt oder überhaupt wirkt, und ich wirklich einen großen Widerstand spüre, meine Themen zu beklopfen, liebe und akzeptiere ich mich voll und ganz."

 Alle möglichen Zweifel und inneren Widerstände auszusprechen und zu beklopfen (und sei es „nur" mit dem Handkantenpunkt), das bringt dich weiter. Vielleicht merkst du dann, wie dein innerer Widerstand, dein inneres „Nein" kleiner wird und sich nach und nach deine „Ausreden" in Luft auflösen.

Was glaubst du, was ich alles schon für Ausreden gehört habe?!

- *„Ich kann nicht klopfen, ich habe mir die Hand verstaucht."*

- *„Ich habe keine Zeit, mein Tag ist so voll, wann soll ich da noch klopfen?"*

- *„Fürs Klopfen brauche ich Zeit und ein schönes Ambiente, das will ich nicht zwischen Tür und Angel machen. Und gerade habe ich diese Möglichkeit eben nicht, mir wirklich einen schönen Rahmen dafür zu schaffen."*

- *„Ich mache schon so viele andere Sachen; ich will ja nicht alles durcheinander machen."*

- *„Mein Mann findet das albern."*

- *„Was sollen denn meine Kinder von mir denken, wenn ich ständig an mir herumklopfe? Die lachen mich ja aus!"*

Sich zu fragen, was andere wohl darüber denken, bringt uns nicht weiter, auch nicht in anderen Angelegenheiten. Will ich mein Leben leben, wie es mir entspricht, kann ich nicht auf das Okay von anderen Menschen warten und erst ihre Zustimmung einholen. NUR ICH habe ein Interesse daran, in meinem Leben voranzukommen und glücklich zu sein. Vielleicht gibt es den einen oder anderen Menschen in meiner Umgebung, der mir das ebenso wünscht, aber: ich darf nicht davon ausgehen. Manchmal wollen die Menschen in unserer

Umgebung (auch oft aus Angst vor Veränderung), dass „alles so bleibt, wie es ist". Du könntest also mit deinem Wunsch nach Selbstentfaltung alleine dastehen.

Klopfen kann man immer: an jedem Ort, zu jeder Zeit.

Wenn ich mit meinem E-Mobil Gassi fahre, dann klopfe ich mit dem Handkantenpunkt auf die Lenkerstange - selbst bei kaltem Wetter und mit Handschuhen.

Natürlich ist es besser, alle Punkte zu klopfen, aber mal so kurz zwischendurch, wenn einen spontan negative Gefühle überkommen, geht das auch mal so.

Die Kurzvariante wäre sowieso, den Handkantenpunkt oder die Schlüsselbein-Punkte zu klopfen. Diese beiden Punkte sind sehr gut geeignet für „die kleine Klopferei mal zwischendurch".

Hast du nur eine Hand zur Verfügung, kannst du trotzdem sogar die Fingerpunkte beklopfen. Mit dem Zeigefinger klopfst du einfach an derselben Hand den Nagelfalz des Daumens, und mit dem Daumen beklopfst du die restlichen Punkte an Zeige-, Mittel- und Kleinem Finger. Ist ganz leicht!

Entscheide dich:
willst du vorankommen und freier werden in deinem Leben, vor allem in deinem INNEREN ERLEBEN? Dann setze deinen Willen ein, deinen freien Willen und ENTSCHEIDE dich, was du tun willst.

Wenn du EFT für ungeeignet hältst, dann nutze eine andere Möglichkeit, die dich anzieht. Aber wenn du alles wieder verwirfst, wenn du tausend Dinge anfängst, aber nicht fortführst, dann... schau hin, ob das nicht doch vielleicht SELBSTSABOTAGE ist!

Wo ist deine Ablehnung?

Was du ablehnst, ziehst du an. Wo deine Gedanken hingehen, wo dein Fokus ist, dorthin fließt deine gesamte Energie. Und genau diese zieht genau das an, was du dir mit deiner gedanklichen und emotionalen Kraft bewusst oder unbewusst „erschaffst" - ob du es nun in deinem Leben haben willst oder nicht.

Wenn sich Muster wiederholen in unserem Leben, dann manchmal auch deswegen, weil wir ihnen unbewusst Aufmerksamkeit schenken. Das, was wir kennen, was uns vertraut ist, dorthin fließt sofort unsere gesamte Aufmerksamkeit. Das geschieht in der Regel unbewusst.

Wollen wir aus diesem Muster herauskommen, lohnt es sich, die Dinge, die wir ablehnen, genauer zu betrachten. Warum wir sie ablehnen, ist von Bedeutung. Wollen wir wirklich vorankommen, dürfen wir uns das Ganze in der Tiefe anschauen.

*„Ich lehne ...... (bitte dein Thema einfügen) **ab,** (weil...)".*

„Ich lehne meine derzeitige Wohnung ab, weil ich meine Wohngegend zu laut finde und die Natur vermisse."

„Ich lehne es ab, jeden Tag zu meiner Arbeitsstelle fahren zu müssen, wo ich gemobbt werde, weil mich das mega stresst und ich deshalb sogar schlecht schlafe."

„Ich lehne es ab, mit meiner Freundin in die Disco zu gehen, weil sie ständig nur mit Männern flirtet und ich immer ganz allein an der Bar stehe."

Viele Menschen wissen zuerst, was sie NICHT wollen.

Was sie wirklich wollen, fällt oft schwer, zu formulieren. Deshalb ist es sinnvoll, den Fokus zuallererst darauf zu richten, was man wirklich ablehnt und wieso.

Wogegen hast du eine Aversion? Was widert dich an? Schreib es auf und... beklopfe es.

Anerkenne, was du ablehnst, indem du es aussprichst und alle EFT-Punkte der Reihe nach abklopfst.

Du kannst vor der ersten Klopfrunde die Intensität deiner gefühlten Ablehnung auf einer Skala von 0 bis 10 festlegen.

Wie stark ist deine Ablehnung für dieses Thema?

*   *„Mein innerer Widerstand liegt bei... (0 bis 10)."*
*   Notiere diese Ziffer.
*   Dann klopfe mehrere Klopfrunden.

Irgendwann sollte der gefühlte Widerstand deutlich niedriger sein. Wenn man diese ablehnende Energie ein Stück weit gesenkt hat, öffnen sich automatisch innerlich neue Wege in andere Richtungen.

Wenn die Ablehnung weg ist, wenn ich sie wirklich aufgelöst habe, erst dann kann ich frei entscheiden, was ich wirklich will. Und erst dann ziehe ich nicht mehr die Dinge an, die ich ablehne, weil die jeweilige Energie jetzt neutralisiert worden ist.

Mach dir die Mühe, aufzuschreiben, was du aus tiefstem Herzen verabscheust, ablehnst, wogegen du einen echten inneren Widerstand empfindest. Das können ganz banale Dinge sein. Das kann sein, dass du keine gelben Hüte leiden kannst. Es ist ein simples Beispiel, ich weiß...

Aber vielleicht geht es weiter…

- bei Lebenskonzepten, die du „doof" findest, die du aus deinem Innersten heraus be- und vielleicht auch verurteilst.

- bei Vorschriften, die dir möglicherweise im Elternhaus einst gemacht wurden: was du zu essen oder wie du dich zu kleiden hattest.

- bei der Vorstellung, dass alle Hunde beißen und du deswegen keinen anfassen willst.

Vielleicht widern dich auch gesellschaftliche, wirtschaftliche oder sonstige Entwicklungen an. Wogegen verspürst du eine Ablehnung?

Merke dir:
Was auch immer du ablehnst, dahin fließt deine gesamte Aufmerksamkeit und damit deine gesamte Energie.

Löse deine negativen Gefühle zu diesen Themen auf… durch Klopfen mit EFT und schau, was IN DIR passiert!

„Auch, wenn ich einen Widerstand gegen... (bitte einfügen) verspüre, und das Thema eigentlich gar nicht beklopfen will, weil ich nicht weiß, was mir das bringen soll, liebe und akzeptiere ich mich voll und ganz!".

„Auch, wenn ich eine Abneigung gegen... (bitte einfügen) verspüre, und mit dieser Sache, diesem Ort, diesem Menschen (füge bitte ein, was auf dich zutrifft) nichts zu tun haben will, liebe und akzeptiere ich mich voll und ganz!".

„Auch, wenn ich eine starke Ablehnung verspüre gegen... (bitte einfügen), liebe und akzeptiere ich mich voll und ganz!".

Wir alle haben etwas, wogegen wir uns auflehnen, was wir innerlich oder auch äußerlich ablehnen. Das ist normal: wir leben in einer Welt der Dualität. Wo ein PRO ist, ist gleichzeitig auch ein KONTRA. Wo ein JA ist, ist oft auch ein (leises und verstecktes) NEIN.

Das Gegenteil von Ablehnung ist Akzeptanz.

Gehen wir - wenngleich vielleicht anfangs erst zaghaft - in diese Akzeptanz, geschieht etwas in unserem Energiesystem. Wir nähern uns einem friedlichen Zustand - in uns.

Ganz simpel ausgedrückt:

Ablehnung = Krieg

Akzeptanz = Frieden

Lehnen wir ab, befinden wir uns mit irgendjemandem oder irgendetwas nicht in Harmonie.
Nehmen wir an, akzeptieren wir jemanden oder etwas; dann schließen wir Frieden.

Nichts anderes geschieht, wenn wir vergeben...

Wenn man vergibt, muss man nicht für gut befinden, was geschehen ist, man muss es nicht befürworten. Vergebung bedeutet für mich: das, was passiert ist, will ich nun bewusst als Teil und Erfahrung meines Lebens ANNEHMEN, denn dann... öffnen sich alle Türen zu meinem eigenen, inneren Frieden!
Tief in einem drinnen kann Vergebung geschehen, weil man sich mit einer ehemals emotional belastenden Situation aussöhnt. Man akzeptiert sie als das, was sie ist: eine Erfahrung, die uns weitergebracht hat an einen Punkt, an DEN Punkt, wo wir jetzt stehen. Und das ist völlig wertneutral zu betrachten: als Erfahrung.

****

EFT ist in meinen Augen nichts anderes. Etwas simple ausgedrückt: der Amygdala (dem Alarmzentrum unseres Gehirns) wird durch das Klopfen (=ein beruhigendes Signal) ein Friedensangebot gemacht:

*„Bitte, stell den Alarmton ab!
Wir haben gerade keinen Stress. Alles ist gut!".*

Für mich fühlt sich das so an:

EFT ist ein Friedensangebot an mich selbst!

Wir bringen unser Energiesystem wieder in Harmonie. Wenn es stimmt, dass jede negative Emotion eine Störung im körpereigenen Energiesystem ist, dann wäre unser natürlicher Zustand, in positiven Gefühlen zu leben und aus einem Zustand von Annahme und Akzeptanz heraus wahrlich glücklich zu sein...

Und bitte versteh mich hier nicht falsch...
Ich meine nicht, dass man zu allem JA sagen soll, nur, um im Frieden zu sein. Ich meine auch nicht, dass man zu jeder Person, die einem begegnet, JA sagen soll.
Man darf fühlen, was man fühlt! Man darf handeln, wie man handeln will!

Doch: was macht dieser „emotionale Unfrieden" MIT DIR, was macht er mit deinem tiefsten Inneren, wenn du Menschen, Situationen, Lebensumstände ablehnst?
Bist du in Frieden mit dir selbst, wenn du mit Menschen oder äußeren Umständen in der Ablehnung, also „im Krieg" bist?
Nein! Das kannst du gar nicht sein.

Manche Menschen trauen sich nicht, ihre Emotionen zu äußern, und verschieben lieber ihren „emotionalen Unfrieden", der purer STRESS ist, in die körperliche Ebene. Sie führen dann ihren ganz eigenen, „inneren Krieg" in ihrem Körper einfach weiter, der sich z.B. als Autoimmun- erkrankung widerspiegeln kann. Da wird ein Kampf geführt, ein Kampf gegen das eigene System, weil sich möglicherweise dieser eigentlich innere, emotionale Kampf nicht im Außen zeigen darf. Da kämpft man lieber intern auf der körperlichen Ebene weiter...
Eines ist sicher: wo gekämpft wird (auf welchen Ebenen auch immer) sind wir weitab von Frieden und Harmonie.

Ich habe einen Vorschlag...

Sprich einfach mal die nächsten beiden Sätze laut aus und spüre einmal tief in dich hinein, was für dich GEFÜHLT wahr ist.

- *„Ich empfinde das Leben als Kampf, in dem ich mich ständig beweisen muss, um nicht unterzugehen.“*

- *„Ich empfinde das Leben als Chance, mich auszuprobieren und mich mit meinen Talenten und Begabungen sinnstiftend in die Welt einzubringen und damit andere zu bereichern.“*

Zu welcher Antwort fühlst du dich hingezogen? Sei ganz ehrlich zu dir selbst! Welche Aussage ist für dich - GEFÜHLT - wahr? Spürst du den emotionalen Unterschied, der in der Aussage dieser beiden Sätze liegt?

Wir schauen uns hier in diesem Buch die emotionale Seite unseres Daseins an, denn an den Emotionen können wir mit EFT ansetzen. Allerdings kommen wir in meinen Ausführungen in diesem Buch auch immer wieder in die Bereiche des Mentaltrainings.

Was du denkst, fühlst du.

Was du fühlst, entscheidet, wie du handelst.

Und wie du handelst, bestimmt, wie dein Leben verläuft.

Wo hast du Einfluss, um etwas zu deinen Gunsten zu verändern? Denke positiver, dann fühlst du dich auch besser. So könnte man meinen, sollte es sein.

Generell kann man erst einmal sagen: die Idee stimmt. Doch viele Menschen glauben, wenn sie positive Sätze sagen (z.B. Affirmationen), dann verbessert sich ihr Leben.
Und da muss ich eindeutig widersprechen: in meinem Leben hat sich nichts verbessert, nur, weil ich positive Sätze sprach. Ich habe es versucht. Es hat nicht funktioniert, weil sich der jeweilige Satz nicht **„wahr" anfühlte**! Und ich konnte die positiven Sätze so oft aufsagen, wie ich wollte: es veränderte sich nichts.

Meine Verzweiflung, weil...

... ich meine Lebensfreude über den langen Jahren meines Leidens verloren hatte,

... ich meine Ablehnung gegen meine Krankheit hasste, aber auch verstand, weil die Einschränkungen mich abhängig und hilflos machten,

... der Verlust des Erbes meiner Großeltern und damit der Verlust meiner einzigen Hoffnung auf ein besseres Leben mich der Ausweglosigkeit preisgab,

> all dies war nicht mit positiven Sätzen zu beschwichtigen.

Meine Emotionen lebten ein Eigenleben, da konnte ich reden, wie ich wollte. Ich konnte nicht anders FÜHLEN!

Als ich meine Mentaltrainer-Ausbildung absolviert hatte mit dem Ziel, dass ein besseres Mindset mich aus dieser inneren Ausweglosigkeit herausholen würde, da begriff ich schnell, dass das allein nicht ausreicht. Denn erst, als ich meinen verletzten, aufwallenden, verdrängten Gefühlen Gehör schenkte, sie in mein Bewusstsein holte, indem ich aussprach, was mich emotional belastet und währenddessen mit EFT klopfte, hatten sie eine Chance, sich aufzulösen. Alle Ablehnung war verschwunden; ich war im Frieden mit mir selbst - tief in mir drinnen. Und genau das schenkte mir ein Gefühl von Leichtigkeit und Lebensfreude, kurzum: ich war plötzlich wieder glücklich! Glücklich sein wollen wir alle. Wir laufen dem Glück nach wie kleine Kinder, die einen Schmetterling haschen wollen und vergessen darüber, dass das Glück heute und hier schon da ist: in unserer Selbstwirksamkeit, etwas für uns aktiv tun zu können...

Wir haben das Glück, ...

...Zugang zu Wissen zu haben, das so viele Jahrhunderte nur wenigen privilegierten Menschen zugänglich war.

...Essen zu haben und sauberes Wasser, ein Dach über dem Kopf, das uns vor Wetterunbilden schützt und ein warmes, weiches Bett zum Schlafen. Erst dann, wenn unsere Grundbedürfnisse erfüllt sind, können wir uns unserer Weiterentwicklung widmen.

...immer bewusster zu werden: was ist gut für mich und was nicht?

Das Bewusstsein ist die Basis, auf der viel Gutes erblühen kann...

Was ist dein Streben, wo liegt deine Sehnsucht?

**Am Ende läuft es auf nur eine einzige Sache hinaus:
wir wollen „glücklich" sein.**

GLÜCK - ist es nicht das, wonach wir alle streben? Aber: was
bedeutet eigentlich Glück...?

<u>Glück bedeutet...</u>

**Glück bedeutet... nichts anderes, als sich in
DIESEM MOMENT BESONDERS WOHL ZU FÜHLEN!**

**...Psychisches Grundbedürfnis nach „Bindung &
Zugehörigkeit":** Wir alle wollen und brauchen Bindung und
innere Verbundenheit mit lieben Menschen. Dann sind wir
glücklich...

...Psychisches Grundbedürfnis nach Lustgewinn und Unlustvermeidung: Unser aller Bedürfnis ist es, einen möglichst angenehmen Tag zu verleben - mit Lachen und Fröhlichkeit, einfach Spaß haben am Leben. Raubt uns etwas die Freude (=Lust), gehen wir dieser Disharmonie stiftenden Quelle normalerweise aus dem Weg.

...Psychisches Grundbedürfnis nach Orientierung & Kontrolle:

Wir brauchen Orientierung und ein Ziel, für das wir uns einsetzen können. Das bringt uns voran auf unserem Weg.

Ziel = Orientierung: wo will ich hin?
Kontrolle = ich kann aktiv etwas
dazu beitragen, um mein Ziel zu erreichen.

So haben wir einen festen Stand im Leben und fühlen uns wohl...

...Psychisches Grundbedürfnis nach Selbstwerterhöhung und -schutz:

Wir brauchen das Gefühl, dass wir etwas wert sind, dass unser WERT geschätzt wird. Untergräbt jemand unseren Selbstwert mit Abwertungen, mit geringschätzenden Bemerkungen und Beurteilungen, gehen wir diesem Menschen - soweit möglich - normalerweise aus dem Weg. Das ist ein Verhalten, das unserem Schutz dient, dem Schutz unseres Selbstwert-Gefühls.

Wir brauchen Menschen um uns herum, die uns wertschätzen, ob wir nun im Beruf durchstarten oder ob wir Mutter werden und Leben gebären.

Respektvoller Umgang und anerkennende Worte und Gesten schützen und stärken unseren Selbstwert.

Diese **vier psychischen Grundbedürfnisse** (nach Klaus Grawe) sind keine Luxusbedürfnisse; sie sind grundlegend wichtig, damit wir glücklich sein können.
Ist eines oder sind mehrere dieser psychischen Grundbedürfnisse nicht erfüllt, steht es schlecht mit dem Glücklichsein. Es ist einfach nicht möglich.

Was passiert, wenn diese Grundbedürfnisse wenig bis gar nicht erfüllt sind? Wir können uns dann...

- ...einsam fühlen und allein, wenn wir niemanden haben, dem wir uns verbunden fühlen. (Bedürfnis nach Bindung)

- ...überlastet und gestresst fühlen, wenn wir nur noch Pflichten nachgehen oder es anderen ständig recht machen wollen. (Bedürfnis nach Lustgewinn & Unlustvermeidung)

- ...hilflos, unsicher, verwirrt, „orientierungslos" fühlen, vielleicht sogar abhängig. (Bedürfnis nach Orientierung und Kontrolle)

- ...minderwertig und ungeliebt, vielleicht sogar beschämt fühlen, wenn wir kaum oder keinen Zuspruch, kein Lob erhalten oder sogar klein gemacht, abgewertet bzw. ständig kritisiert werden. (Bedürfnis nach Selbstwerterhöhung & -schutz)

Wenn man diese vier Grundbedürfnisse kennt, kann man bei sich selbst einmal schauen, wie es „um einen steht".
Sind deine psychischen Grundbedürfnisse erfüllt? Wenn nein, dann lies bitte einfach das nächste Kapitel...

Wir helfen deinem Glück auf die Sprünge!

Was kannst du nun tun, um glücklicher und fröhlicher, einfach entspannter zu sein, und vor allem: wie kann dir EFT dabei helfen?

Sind unsere vier psychischen Grundbedürfnisse nicht erfüllt, dann fühlen wir uns zunehmend unzufrieden und leer; unser Leben scheint sinnlos geworden zu sein.

Jetzt, wo du aber weißt, wie diese Grundbedürfnisse heißen und wie man sie erfüllen kann, hast du schon den Schlüssel zum Glück in der Hand, zumindest vom Verstand her. Du WEISST jetzt, dass diese Bedürfnisse erfüllt sein müssen und kannst aktiv dafür sorgen, dass sie erfüllt sind. Kümmere dich gut um dich!
EFT kann dir helfen, die negativen Gefühle in ihrer Intensität zu reduzieren, die vielleicht gerade da sind, wenn du noch im „Mangel" bist, also die Erfüllung deiner Grundbedürfnisse (noch) nicht gewährleistet ist. Natürlich hilft Klopfen alleine nicht; du solltest schon aktiv werden. Aber es ist eine riesige Erleichterung auf dem Weg, auf deinem Weg ins Erfüllt-Sein.

Fülle = Reichtum

Mangel = Armut

Sind wir arm an guten Gefühlen, dürfen wir handeln, dürfen wir etwas für uns selbst tun. Sind wir reich an guten Gefühlen, fühlen wir uns „er-füllt". Wortspiele, die eine Bedeutung haben!
Wir schauen jetzt, wie du EFT für dich nutzen UND damit aktiv deine Lage verändern kannst.

Bedürfnis nach Bindung

Du fühlst dich ...einsam und allein, wenn du niemanden hast, dem du dich verbunden fühlst.

Du kannst allein einsam sein oder zu zweit einsam... Wenn du von Menschen umgeben bist, zu denen du zwar eine äußere Bindung hast (z.B. in einer Ehe oder in der Familie), aber dich nicht mehr verbunden fühlst, dich mit deinen Anliegen nicht mehr an diese Person(en) wenden kannst und nicht gehört und verstanden, geliebt und getröstet wirst, dann kannst du dich sehr einsam fühlen...

Ob allein oder zu zweit... allein: lange **alleine sein macht traurig.**

» Klopfe mit EFT:

„Auch, wenn ich traurig bin, weil ich niemanden mehr an meiner Seite habe, dem ich mich verbunden fühle, liebe und akzeptiere ich mich voll und ganz."

„Auch, wenn ich mich einsam fühle, weil ich den Kontakt mit interessanten und lieben Menschen vermisse, liebe und akzeptiere ich mich voll und ganz."

„Auch, wenn ich mich einsam fühle, weil ich mein Haustier vermisse, das ich so gerne gestreichelt habe und dessen Nähe mir so viel geschenkt hat, liebe und akzeptiere ich mich voll und ganz."

Dann klopfe der Reihe nach alle Punkte ab:

„Ich fühle mich einsam, ich bin traurig...“

Du kannst auch gern den Satz verlängern und sagen:

„Ich fühle mich einsam, ich bin traurig, weil ...“.

Begründe, wieso du traurig bist. Ergänze, was dich einsam sein lässt.

Klopfe so lange, bis die negative Emotion in ihrer Intensität auf einer Skala von 0 bis 10 <u>unter 3</u> liegt! **Dann solltest du eine deutliche emotionale Erleichterung fühlen können...**

Vorschläge zur aktiven Erfüllung deines Bedürfnisses:

- Ruf alte Freunde an und frage, wie es ihnen geht.
- Halte einen Plausch mit der Nachbarin.
- Streichle die Katze oder den Hund des Nachbarn; vielleicht magst du auch anbieten, das Tier im Urlaub zu betreuen oder den Hund einmal oder regelmäßig auszuführen. Lehnt der Besitzer ab, ist das nur ein „nein" zu deinem Angebot, kein „nein" gegen dich!
- Lade jemanden zum Tee oder Kaffee trinken / zum Eis oder Kuchen essen ein.
- Geh in ein Museum und nimm an einer Führung teil, stell Fragen, geh in die aktive Kommunikation.
- Nimm an Präsenz-Kursen oder Online-Kursen deiner Volkshochschule teil.
- Geh tanzen!
- Erlerne ein Instrument.
- Biete kostenfrei im Internet an, was du gut kannst (Nachbarschaftshilfe).
- Suche gezielt nach Unterstützung (auch kostenfrei), wenn du Hilfe brauchst. So lernt man auch tolle Menschen kennen...
- Registriere dich bei einer Partnerbörse im Internet.
- Besuch deine Kinder.
- Lade deine Freundin ein, alle 14 Tage etwas zu unternehmen.
- Sprich mit deinem Partner (so du noch einen hast), dass du gerne mehr gemeinsam unternehmen möchtest.
- Ist dein Partner gestorben, nimm eine ehrenamtliche Trauerbegleitung in Anspruch. Reden und sich verstanden fühlen hilft zumindest ein kleines bisschen gegen Traurigkeit und Einsamkeit.

Bedürfnis nach Lustgewinn & Unlustvermeidung

Du fühlst dich ...überlastet und gestresst, wenn du nur noch Pflichten nachgehst oder es anderen ständig recht machen willst?

Das kann bereits Kindern so gehen, dass sie nur noch arbeiten und Hausaufgaben machen, strebsam lernen und ihre Freuden vernachlässigen. Je älter die Kinder, desto größer die Gefahr...

Erwachsene verdrängen oft die Dinge, die ihnen Freude machen könnten. Viele leben nach dem Motto „Erst die Arbeit, dann das Vergnügen!".

Oft vergessen sie aber nach der Arbeit das Vergnügen, weil sie einfach zu müde sind, um noch etwas für sich zu tun oder gemeinsam mit anderen etwas zu unternehmen. Besonders in toxischen Beziehungen sind Menschen, die viel tun für den anderen, in der Gefahr, nur noch zu „funktionieren". Das führt auf Dauer zum Burnout und vielleicht sogar zu psychosomatischen Störungen.

Wenn du nicht mehr weißt, was dir Freude macht, weil du es möglicherweise schon ganz vergessen hast über all den Jahren der Fürsorge für andere und der Pflichterfüllung, dann wird es höchste Zeit, dich wieder um dich und um DEINE LEBENSFREUDE zu kümmern...

Schreib eine Liste mit Dingen, die dir einst Freude gemacht haben und schau, ob dich das heute noch begeistern kann...

Zu lange nur Pflichten erfüllt? Zu lange das Gefühl von Stress gehabt? Das brennt auf Dauer aus und raubt die Lebensfreude.

» Klopfe mit EFT:

„Auch, wenn ich mich total gestresst fühle, weil ich immer nur funktionieren muss, liebe und akzeptiere ich mich voll und ganz."

„Auch, wenn ich mich gestresst fühle, weil ich immer alles alleine machen muss und ich keine (oder wenig) Hilfe habe, liebe und akzeptiere ich mich voll und ganz."

„Auch, wenn ich mich ausgebrannt und erschöpft fühle, weil ich meine Arbeit - ehrlich gesagt - verabscheue, die Kollegen oft schlecht gelaunt sind und ich nur noch deshalb dort arbeiten gehe, weil ich das Geld brauche und glaube, dass es schwer wird, anderswo einen neuen Job zu bekommen, liebe und akzeptiere ich mich voll und ganz."

Dann klopfe der Reihe nach alle Punkte ab:

„Ich fühle mich gestresst, ich fühle mich überlastet..."

Du kannst auch gern den Satz verlängern und sagen:

„Ich fühle mich gestresst,
ich fühle mich überlastet, weil ...".

Begründe, wieso du dich gestresst fühlst. Klopfe so lange, bis dein Gefühl von Stress in seiner Intensität auf einer Skala von 0 bis 10 **unter 3** liegt!

Vorschläge zur aktiven Erfüllung deines Bedürfnisses:

- Plane kleine Pausen in deinem Alltag oder auf der Arbeit ein. Rechtfertige dich nicht dafür.
- Entscheide dich jeden Tag neu für deine Arbeitsstelle. Kannst du das nicht, zieh Konsequenzen und kündige, wenn du eine neue Stelle gefunden hast, die dich begeistern könnte.
- Dein Alltag ist zu voll mit Terminen? Streiche gnadenlos, was dich überlastet. Wenn du jetzt im Krankenhaus liegen würdest, müsste das auch gehen.
- Viele alltägliche Kleinigkeiten stressen dich im Übermaß? Hol dir Hilfe / Unterstützung, stell jemanden ein, frag bei der Diakonie nach oder such dir Nachbarschaftshilfe. Atme mehrmals am Tag tief ein und aus.
- Wenn du keine Freude mehr hast, kein schönes Hobby, such dir eines. Probier mehrere Dinge aus, auch, wenn du denkst, das wäre nichts für dich. Probieren geht über studieren! Vielleicht lernst du jemanden kennen, der sympathisch ist, und durch eine nette Bekanntschaft, mit der man lachen kann, fällt auch jede Menge Stress ab.
- Lass dich regelmäßig oder hin und wieder massieren.
- Geh spazieren, wandern. Beweg dich in der Natur.
- Geh schwimmen / baden.
- Treff dich zum Kartenspiel mit Freunden.
- Lies ein interessantes Buch, mit dem Rücken an einen Baum gelehnt.

Bedürfnis nach Orientierung und Kontrolle

Du fühlst dich ...hilflos, unsicher, verwirrt, eben „orientierungslos", vielleicht sogar abhängig?

Vielleicht hast du gerade die „Orientierung" im Leben verloren...? Treibst du auf dem Wasser wie ein herrenloses Schiff? Dann wird es Zeit, das Steuerrad deines Lebens wieder in die Hand zu nehmen!

Nicht immer haben wir Einfluss auf alles. Manchmal geschehen Dinge, die wir nicht kontrollieren können. Gibt es davon zu viele Ereignisse in unserem Leben, kann uns das ganz schön aus unserer Mitte bringen.
Die innere Ruhe ist dahin, wenn man umhertreibt und nicht weiß, wo man anfangen soll. Vielleicht weiß man auch gar nicht mehr, was man will. Man hat sich sozusagen ein Stück weit selbst verloren.

Da gibt es verschiedene Möglichkeiten, der Lage wieder Herr zu werden, damit kein anderer das Ruder deines Lebens aus Versehen übernimmt, denn gerade in solchen Zeiten sind wir anfällig für Fremdeinwirkung, weil wir ja nicht mehr wissen, was wir wollen und was gut für uns ist.
Innenschau ist die beste Voraussetzung, um sich gerade in solch einer Ausnahmesituation ganz neu kennenzulernen, sich also wieder daran zu erinnern, wer man ist und was einem wirklich wichtig ist.

Dazu nimmt man sich am besten eine Werteliste her. Diese kannst du im Internet finden. Oder vielleicht weißt du schon, was deine Werte sind?

Was ist dir wichtig im Leben? Schreib es auf.

Und dann schau, was du davon gerade lebst...
Lebst du deine Werte?

Beispiel:

Meine Werte

Mir ist wichtig im Leben...

...viel Zeit in der **NATUR** zu verbringen.
...mit **TIEREN** zu leben.
...**EHRLICH** zu sein.
...**SPONTAN** Ausflüge zu machen oder spontan in den Urlaub fahren zu können.
...zu **LERNEN**.

Wenn deine Werte sind:
NATUR, TIERE, EHRLICHKEIT, SPONTANEITÄT, LERNEN, dann dürfte es dir Freude machen, diese zu leben.

Und wenn du eine Partnerschaft hast, dann frag dich:

„Kann ich meine Werte, die mir wirklich wichtig sind, in meiner Partnerschaft leben?".

Frag dich das auch in Bezug auf das Zusammensein mit deinen Freunden. Das ist allerdings nicht so wesentlich, weil du mit ihnen ja nicht den überwiegenden Teil deiner Lebenszeit verbringst. Solltest du sehr oft und lange mit ihnen zusammen sein, dann ist es wichtig, zu überprüfen, ob die grundlegendsten Werte identisch sind.

Du kannst nicht mit jemandem eine tolle und harmonische Zeit haben, wenn du...

- •   ...naturlieb bist und dein Gegenüber lieber in der Stadt ist und Angst vor Spinnen und Mücken hat.
- •   ...tierlieb bist und dein Gegenüber Tiere so gar nicht leiden kann.
- •   ...ehrliche Kommunikation brauchst, dein Gegenüber dich aber anlügt.
- •   ...eher spontan bist, dein Gegenüber aber alles bis ins kleinste Detail planen will.
- •   ...lernen willst, dein Gegenüber aber so gar kein Interesse an Weiterbildung hat und Ihr Euch darüber auch nicht austauschen könnt.

Merkst du, worauf ich hinaus will?
Es gibt keine „Schnittstellen"...

Kannst du deine Werte, was dir im Leben wichtig ist, nicht leben, dann wirst du orientierungslos. Deine Werte sind dein Kompass im Leben. Richte dich nach ihnen aus, und du wirst immer Kraftquellen in deinem Leben haben, die dich stärken. Werden deine Werte in Frage gestellt und dauernd kritisiert, verunsichert dich das möglicherweise. Du bist verwirrt.

Gibst du sie auf oder wird dir (z.B. in einer toxischen Partnerschaft) die Möglichkeit genommen, sie zu leben, dann wirst du orientierungslos, fühlst dich immer hilfloser und schlitterst - vermutlich unwissentlich - in die Abhängigkeit.
Ja, ich weiß, das mit der Abhängigkeit will keiner hören. Das ist so eine ungute Geschichte, aber wer sie erlebt hat, weiß, dass sie unglücklich macht. Man ist nicht mehr bei sich selbst. Wie das Wort schon sagt: **...ab-hängig.**

Man „hängt an etwas"...

Dieses Bild sagt mehr als tausend Worte:

Wenn man seine eigenen Werte nicht lebt, „geht man unter". Dann hängt man am seidenen Faden und hofft, dass einen wieder jemand raus zieht, dass es irgendwie wieder „besser" wird. Aber hier wird nichts besser, denn man steht nicht mit beiden Beinen auf dem Boden. Dann nämlich würde man nicht „ertrinken", sondern wissen, wo man steht, den Kopf über Wasser und damit die volle Orientierung haben.

Kümmere dich um deine Werte, lebe und pflege sie. Dann wirst du immer in sicherem Fahrwasser unterwegs sein im Leben!

Du fühlst dich ...hilflos, unsicher, verwirrt, eben „orientierungslos", vielleicht sogar abhängig?

» Klopfe mit EFT:

„Auch, wenn ich mich unsicher fühle und verwirrt bin, weil mir alles über den Kopf wächst und ich gar nicht mehr weiß, wer ich wirklich bin, liebe und akzeptiere ich mich voll und ganz."

„Auch, wenn ich mich derzeit hilflos fühle und irgendwie das Gefühl habe, das wird nie wieder anders sein, liebe und akzeptiere ich mich voll und ganz."

„Auch, wenn ich das Gefühl habe, die Orientierung im Leben gerade verloren zu haben und ich nicht weiß, was mein nächster Schritt sein muss, liebe und akzeptiere ich mich voll und ganz."

Dann klopfe der Reihe nach alle Punkte ab:

„Ich fühle mich verunsichert.
Ich fühle mich verwirrt.
Ich fühle mich hilflos.
Ich fühle mich orientierungslos."

Du kannst auch gern den Satz verlängern und sagen:

„Ich fühle mich gerade orientierungslos, weil ...".

Begründe, wieso du dich orientierungslos fühlst. Ergänze, was dich verunsichert. Klopfe so lange, bis die negative Emotion in ihrer Intensität auf einer Skala von 0 bis 10 **unter 3** ist! **Dann solltest du eine deutliche emotionale Erleichterung fühlen können...**

Vorschläge zur aktiven Erfüllung deines Bedürfnisses:

- Finde heraus, wo du gerade stehst. Das macht man beim Wandern auch. Hat man sich verirrt, nimmt man Karte und Kompass und ermittelt seine Position. Hier rate ich dir zum „online-Systembrett". Dort stellst du dich als Figur auf, stellst deine ermittelten, dir wichtigen Werte ebenso auf das Brett und schaust einmal, wie nah sie dir sind, ob du sie leben kannst. Solche unsichtbaren Strukturen in die Sichtbarkeit zu bringen, hilft ungemein und schenkt Klarheit!
- Zeichne dir einen Plan: nimm ein großes Blatt Papier oder klebe mehrere aneinander. Dann malst du deinen Standort und einen Weg, der dich aus der Orientierungslosigkeit herausführen soll. Am Wegesrand notierst du all DIE KRAFTQUELLEN, die du aus deinen Werten ermittelst. Beispiel: Du liebst die NATUR. Schreib: „Möglichst viel Zeit in der Natur verbringen." Noch konkreter: „Jeden Sonntag Nachmittag gehe ich ab sofort in den Bergen zwei Stunden wandern.". Schreib das auf und setze es um!
- So hart es klingt: hast du einen Partner, der deine grundlegenden Werte nicht lebt, dann erwäge, dich zurückzuziehen aus dieser Verbindung. Beispiel: Ist dir Ehrlichkeit wichtig, aber er lügt dich immer wieder an, wirst du unglücklich sein, weil du ihn nicht ändern kannst. Seine Werte sind nicht die deinen.
- Dreh dich wie ein Kreisel im Kreis - gedanklich oder in echt. Dein Arm ist dabei ausgestreckt. Werde langsamer und bleibe stehen. Wohin zeigt dein Arm, wenn du stoppst? Was siehst du vor deinem inneren Auge, was dir JETZT Stabilität verleihen kann? Lebe es; integriere es in dein Leben!

Bedürfnis nach Selbstwerterhöhung & -schutz

Du fühlst dich ...minderwertig und ungeliebt, vielleicht sogar beschämt? Du erhältst kaum oder keinen Zuspruch, kein Lob? Wirst du sogar klein gemacht, abgewertet bzw. ständig kritisiert?

Dein Selbstwert ist wichtig. Er bestimmt, ob du dich zeigen kannst mit deinen Talenten und Gaben, sie der Welt schenken willst. Fühlst du dich klein oder gar minderwertig, wirst du dich immer verstecken und dich nicht „aus deiner schützenden Höhle der Unsichtbarkeit" trauen.

Viele Menschen haben Visionen, die sie gern leben möchten: ein Business aufbauen, Menschen helfen durch Coaching, auf einer Ranch kranken Pferden helfen...

Manche trauen sich das nicht zu, weil sie glauben, dass sie das nicht schaffen werden. Wieso glauben sie das? Weil sie **sich selbst** schlecht „**bewerten**".

Was denkst du über dich?

„Ich bin toll! Ich werde das schaffen!"

Wenn du an dir zweifelst, ist dein Selbstwert nicht stark genug, um Dinge, von denen du träumst, in die Wirklichkeit zu holen. Das ist schade.

Und die Frage lautet: Wieso denkst du so schlecht über dich?

Wenn du dir selbst einen eher kleinen Wert beimisst, dann hast du es schwer, dich zu zeigen und dich gut zu fühlen, mit dem, was du wirklich leben und in die Welt bringen willst.

Der Selbstwert ist eng verknüpft mit der Selbstachtung und dem Selbstbewusstsein.

Sei dir bewusst: Du bist richtig, so wie du bist!

Kannst du das so nicht empfinden, kritisierst du dich selbst (das müssen noch nicht einmal andere tun) und fühlst dich klein, dann besteht Handlungsbedarf.

Steigere deinen Selbstwert.

Wie müsstest du deiner Ansicht nach sein, damit du wertvoll bist?

Was könntest du machen, damit du dich wertvoller fühlst?

Der Blick auf sich selbst ist entscheidend. Wenn man von sich selbst schlecht denkt, geht man auch davon aus, dass andere schlecht von einem denken.

Ich kenne so manche Menschen, die sagen:

„Ich schaffe das eh nicht!"

Und wenn im Außen einer sagt: *„Du schaffst das eh nicht!"*, dann sind sie beleidigt, weil GETROFFEN. Sie wurden getriggert, WEIL sie sich selbst gerne anders hätten, sich nicht für gut befinden.

Würde der gleiche Satz zu jemandem gesagt werden, der einen guten und stabilen Selbstwert hat, der würde lächeln und sagen: *„Wenn du meinst..."* und sich dann wieder seinem Projekt zuwenden - sich seiner selbst bewusst: wie er ist und was er kann. Der Kommentar würde ihn kalt lassen, eben NICHT triggern.

Hör genau hin, wie du mit dir selbst redest...

- *Ach, ich Trottel!*

- *Jetzt hab ich das schon wieder vergessen... Ich bin aber auch zu nichts zu gebrauchen.*

- *Das schaffe ich eh nicht!*

- *Boah, ich bin so doof!*

Solltest du tatsächlich nicht so gut über dich denken oder sprechen... - dann ändere das. Am besten sofort! Der beste Zeitpunkt, etwas zu ändern, ist immer... JETZT!

Du kannst das nicht?

Klopfe mit EFT alle negativen Überzeugungen ab, vor allem deine dazugehörigen Gefühle. Spür in dich hinein, woher dieser Glaube über dich kommt. Hat deine Mutter so über dich geredet? Oder hat dein Vater dich abgewertet und gesagt: *„Aus dir wird eh nix!"*?
Such deinen Selbstwert, denn: du bist genauso richtig, wie du bist! Entdecke dich neu!

Du fühlst dich ...minderwertig und ungeliebt, vielleicht sogar beschämt, bekommst kaum oder gar keinen Zuspruch, kein Lob? Wirst du sogar (von dir selbst oder von anderen Menschen) klein gemacht, abgewertet bzw. ständig kritisiert?

» Klopfe mit EFT:

„Auch, wenn ich mich gerade ungeliebt fühle und mir selbst möglicherweise keinen so großen Wert beimesse, weil... (z.B. mein Vater früher immer sagte, ich sei ein Verlierer), liebe und akzeptiere ich mich voll und ganz."

„Auch, wenn es mir schwer fällt, mich vor anderen zu zeigen, weil ich mich oft (oder stets) klein und unbedeutend fühle, liebe und akzeptiere ich mich voll und ganz."

„Auch, wenn ich mich klein fühle und nicht glaube, dass ich es wert bin, geliebt zu werden, liebe und akzeptiere ich mich voll und ganz."

Dann klopfe der Reihe nach alle Punkte ab:

„Ich fühle mich klein.
Ich fühle mich minderwertig.
Ich fühle mich ungeliebt."

Du kannst auch gern den Satz verlängern und sagen:

„Ich fühle mich ungeliebt, weil ...".

Begründe, wieso du dich ungeliebt fühlst. Ergänze, was dir ein Gefühl von Minderwertigkeit gibt.

Klopfe so lange, bis die negative Emotion in ihrer Intensität auf einer Skala von 0 bis 10 **unter 3** ist! **Dann solltest du eine deutliche emotionale Erleichterung fühlen können...**

Vorschläge zur aktiven Erfüllung deines Bedürfnisses:

- Du könntest viele kleine Zettel beschriften, auf denen du jeweils EINE Eigenschaft notierst, wie du gerne sein möchtest. Beispiel: „spontan", „fleißig", „ein guter Redner", „sportlich", usw.
  Verteile diese Zettel in deiner Wohnung / in deinem Haus, und jedes Mal, wenn ein Zettel in dein Blickfeld kommt, sagst du den Satz: „ICH BIN spontan!" und klopfst dabei die EFT-Schlüsselbeinpunkte. Das kann nur ganz kurz sein oder länger - wie du magst...
- Bitte Familienmitglieder und enge Freunde, sie mögen drei Eigenschaften aufschreiben, was sie an dir so richtig toll finden! Das können ganze Sätze oder nur kurze Notizen sein. Es darf ausschließlich Positives sein! Dann schreibst du dir eine Liste mit all den positiven Eigenschaften, die deine Familie und Freunde notiert haben. Trage diese Liste immer bei dir! Solltest du mal traurig sein und nicht weiter wissen, nimm sie zur Hand und lies sie dir durch! :-)
- Klopfe dir mehrmals am Tag auf die Schulter und lobe dich selbst für ganz banale Sachen: *„Heike, das hast du super gekocht, das Essen schmeckt wirklich lecker!"*. Du kannst in der DU-Form sprechen oder in der ICH-Form: *„Das habe ich super gekocht, das Essen schmeckt wirklich lecker!"*. Lobe dich selbst und mach das so oft, wie du kannst! Schau, was es mit DIR macht!

Sorge gut für dich und
beklopfe alle negativen Gefühle.
Du hast ein gutes Leben verdient,
eines, in dem du glücklich bist!

EFT senkt den Cortisolspiegel

Lebst du im **Dauerstress**, damit du deine Ziele erreichst, und powerst ohne Unterlass?
Oder gönnst du dir liebevolle Pausen, genussvolle Auszeiten im Alltag, um einfach nur zu SEIN?

Wenn negative Gefühle einen großen Teil deines Tages einnehmen, kannst du mir wahrscheinlich beipflichten, wenn ich sage: **„Wenn du einen Großteil deines Tages mit negativen Gefühlen zubringst, kannst du unmöglich wirklich glücklich sein.".**

Was ich dir sagen will:

GLÜCK hat mit FÜHLEN zu tun!

FÜHLST... du dich gerade unwohl, weil dein Chef dich zusammenpfeift, du nicht weißt, wo dir der Kopf steht, bist du vermutlich nicht gerade glücklich in diesem Moment.

Oder FÜHLST... du dich wohl, weil du gerade eine herrliche Massage bekommst?

GLÜCK hat mit DEINEM GEFÜHL
in diesem MOMENT zu tun!

Wenn du dir dessen bewusst wirst, kannst du leicht erkennen, dass es klug wäre, Einfluss zu nehmen auf deine Gefühle, um dein Glück herbeizuführen. Ist es so leicht? JA! Genauso leicht ist es. Und das ist das Phänomenale an EFT!

Sei dir der Tatsache bewusst, dass du mit EFT eine Technik an der Hand hast, das dein Leben tagtäglich zum Besseren verändern kann, weil du mit EFT dein FÜHLEN beeinflussen kannst...

Merke dir: **Mit EFT kannst du deinen Cortisolspiegel senken,** das Stresshormon im Körper reduzieren und damit indirekt Einfluss nehmen auf deinen Zustand der Anspannung oder Entspannung... Das ist in Studien bewiesen worden. Ich finde das einfach nur **GRANDIOS!**

Was bringt dich zum Weinen?

Wir alle lachen und weinen in unseren Leben. Keiner kommt daran vorbei, Tränen zu vergießen über das ein oder andere traurige Erlebnis.

Wir sind Menschen, wir fühlen.

Erst, wenn wir uns unsere Gefühle nicht mehr zugestehen, sie wegschieben und einsperren, sie regelrecht wegschließen, dann wird es für uns gefährlich. Dann können wir „uns nicht mehr spüren".

Ich habe einige Menschen in meinem Leben kennengelernt, denen es so erging. Das Ergebnis: sie waren unglücklich, unzufrieden mit sich selbst und ihrem Leben und wussten eigentlich gar nicht, wieso. Der Grund waren unterdrückte Emotionen.

Wie merkst du, dass du eventuell unterdrückte Emotionen in deinem Leben hast?
Kannst du weinen? Kannst du herzhaft lachen? Kannst du dich von Herzen freuen? Kannst du auch mal aus gegebenem Anlass wirklich wütend sein? Traust du dir zu, diese Emotionen zu äußern? Oder ziemt es sich nicht, seinem Ärger Luft zu machen? Dürfen Männer z.B in der Öffentlichkeit nicht weinen? Darf ich mir und anderen meine Trauer oder Hilflosigkeit durch Tränen nicht eingestehen?

Was auch immer deine Emotionen blockiert, wenn sie nicht gelebt werden, wenn sie keinen Ausdruck finden dürfen: sie wirken in dir weiter. Sie sind nicht „weg", nur, weil du sie beiseite schiebst und sie nicht anschauen und nicht fühlen willst. Sie sind da, sie wirken im Verborgenen, und sie nagen in deinem Inneren weiter...

Wenn du glaubst, dass deine Emotionen nicht von Bedeutung sind, dann irrst du dich. Deine Emotionen machen dich als Mensch aus, und wenn du ihnen kein Gehör schenkst und ihnen keinen Raum gibst, dann werden sie so lange in deiner Psyche, deinem Geist und deinem Körper „Radau machen", bis sie „gehört und gesehen" werden. Du wirst vermutlich wahlweise unglücklich, unzufrieden, unruhig, körperlich geschwächt oder sogar krank sein. Es gibt viele Bücher, **die den Zusammenhang zwischen Emotionen und körperlichen Krankheiten beschreiben.** Und dass Emotionen EINE Ursache schweren Krankheitsgeschehens sind, ist keine Seltenheit.

Doch wie kommt man nun an diese Emotionen heran? Vielleicht kannst du all diese Gefühle nicht mehr spüren. Vielleicht stehst du an einem Punkt, wo du dich fragst, wie du deinen Emotionen wieder näher kommen kannst.

Ganz einfach. Frag dich:

„Was bringt mich zum Weinen?"

Ist es ein bestimmter Film?

Ist es die Erinnerung an ein trauriges Erlebnis, an einen Abschied oder   an den Tod eines lieben Menschen?

Was bringt dich zum Weinen?

Wenn du eine Antwort auf diese Frage weißt, und in der Regel weiß jeder eine Antwort auf diese Frage, dann hast du ein kleines Tor gefunden, durch das du schreiten kannst, um genau diese Emotionen wirklich wahrzunehmen.

Schau dir diesen Film an, versenke dich in genau diese Erinnerungen. Und wenn du deine Traurigkeit, deine Betroffenheit (oder was auch immer) **fühlen** kannst, das dir deine Tränen schenkt, **dann klopfe**. Sollten die Emotionen aufwallen, sich aufbäumen, stärker werden, dann klopfe einfach weiter.

Wenn du weinst, wenn du den Zugang zu deiner Emotion gefunden hast, klopfe. Und wenn dir während dieses Klopfprozesses neue Gedanken durch den Kopf schießen, die Emotion sich vielleicht wandelt von Traurigkeit zu Wut, dann beklopfe diese Wut weiter...

Viele Menschen erlauben sich nicht, wütend zu sein. Oft steckt z.B. hinter der Trauer einer beendeten Beziehung eigentlich WUT! Diese muss man finden, FÜHLEN und mit EFT beklopfen...

Wichtig ist, dass jede Emotion sein darf!

Wenn du das Gefühl hast, etwas *„darf nicht sein"* oder *„das gehört sich nicht, so zu fühlen, so zu empfinden"*, dann sprich es aus.

Klopfe deinen Handkantenpunkt und sag laut:

„Auch, wenn ich mir nicht erlaube, wütend zu sein, liebe und akzeptiere ich mich voll und ganz."

„Auch, wenn ich mir nicht erlaube, verärgert zu sein und meinem Ärger Luft zu machen, liebe und akzeptiere ich mich voll und ganz."

„Auch, wenn ich mir meine Traurigkeit nicht erlaube, weil: man darf ja nicht weinen, denn das ist ein Zeichen von Schwäche, liebe und akzeptiere ich mich voll und ganz."

Nimm alles an... und beklopfe es. Das ist DEINE CHANCE!

Ich sehe dich, Wut.
Ich sehe dich, Angst.
Ich sehe dich, Trauer.
Ich sehe dich, Verzweiflung.
Ich sehe dich, Hoffnungslosigkeit.

Emotionen sind die Basis für dein Wohlbefinden. Nur, wenn du deine negativen Emotionen auflösen und wieder Leichtigkeit und inneren Frieden spüren kannst, dich wieder glücklich FÜHLEN kannst, BIST du auch glücklich, denn...

...WAS DU FÜHLST, BIST DU !

EXIT
DEIN Weg aus der toxischen Partnerschaft

 Jeder wünscht sich eine Familie, in der man respektvoll und liebevoll miteinander umgeht. Natürlich kann man sich auch mal streiten, aber grundsätzlich lebt man in einer Atmosphäre von Lebensfreude und Harmonie.

Der Grundtenor in funktionalen Beziehungen ist wertschätzend und achtsam.

Doch es kann passieren, dass man sich (plötzlich) in Verbindungen wiederfindet, die man niemals haben wollte. Da ist der Chef, der sich als A....loch outet und narzisstische Züge hat, die sich gewaschen haben. Da ist die Tante, die stets darauf achtet, dass sich alles um sie dreht. Da ist die Freundin, die sich stets zur Schau stellt und alles besser weiß, und vielleicht ist da auch noch ein Partner, dem es wichtig ist, dass vor allem seine Bedürfnisse erfüllt werden, und wenn nicht, wird geschwiegen oder es kommen Vorwürfe, Schuldzuweisungen, es wird gebrüllt oder sogar - neben dieser emotionalen Gewalt - auch körperliche zum Einsatz gebracht. Kurz und gut: in toxischen Verbindungen lässt man Nerven und ist dauerhaft gestresst – ob einem das bewusst ist oder nicht.

Was nun? Man ist doch nun einmal in dieser Verbindung - welche auch immer das sein mag.

Kann ich denn einfach so meinen Job aufgeben? Vielleicht bekomme ich so bald keinen wieder, und ich brauche das Geld!

Kann ich denn der Tante wirklich sagen, dass ich nicht mehr so viel Zeit mit ihr verbringen werde, weil ich ihre ständige Egozentrik nicht mehr ertrage? Dann ist sie vielleicht sauer und redet nie wieder mit mir. Oder sie putzt mich so runter, dass ich dann doch wieder einlenke...

Kann ich meiner Freundin sagen, dass ihre Besserwisserei und ihre Art, sich Männern zu präsentieren, mich nerven? Ich kann mich gar nicht mehr entspannen in ihrer Gegenwart, weil ich ihr Verhalten als übergriffig und anstrengend empfinde.

Kann ich meinen Partner einfach so verlassen, obwohl wir doch gemeinsame Kinder haben? Sie brauchen doch ihren Vater, und ich bin nicht sicher, ob das überhaupt die richtige Entscheidung ist... Immerhin haben wir uns doch mal geliebt.

Die UNSICHERHEIT ist aus diesen Sätzen deutlich herauszuhören.

Könnte ich...? Sollte ich...? Oder besser nicht?

Unsicherheit und Sicherheit - das sind die beiden Faktoren, nach denen unser System einordnet: Bin ich in Gefahr oder bin ich sicher?

UNSICHERHEIT = Stress.
Stress bedeutet GEFAHR!

Die Folge: es werden vermehrt Stresshormone ausgeschüttet, man kommt nicht mehr wirklich zur Ruhe, fühlt sich getrieben und hetzt von einer Verpflichtung zur nächsten, von einer Erwartung zur nächsten. Irgendwann brennt man bei diesem „emotionalen Dauerlauf" aus, wird müde, kann nicht mehr. Vielleicht kommen sogar körperliche Schmerzen hinzu. Man ist einfach am Ende seiner Kraft angelangt. Aber: man MUSS funktionieren!

Nur: wo ist hier noch der Sinn im Leben? Wo ist die Freude, wo ist die Leichtigkeit? Erinnerst du dich noch an sie? Oder hast du schon vergessen, wie das ist, wenn man sich gut und entspannt fühlt?

Stressige Beziehungen laugen aus, kosten oft die letzte Kraft.

EFT kann dir helfen, dich...
...aus diesen stressigen Zuständen ein Stück weit herauszumanövrieren, weil bereits 15-minütiges Klopfen den Cortisolspiegel nachweislich senkt. Dann werden weniger Stresshormone ausgeschüttet, und du kannst wieder klarer denken und bessere Entscheidungen für dich und dein Leben treffen.

Es ist die einzige Methode, die ich kenne, die das fertigbringt!

Nur analysieren bringt dich auf Dauer nicht weiter... Ist er oder sie toxisch? Fragst du dich das, nachdem du über toxische Verhaltensweisen gelesen oder von ihnen gehört hast?
Schau dir gern „Video 01" an in der **Playlist**
„EXIT – DEIN Weg aus der toxischen Partnerschaft":

**„Was macht eine toxische Partnerschaft aus? &
Wie sollte eine gesunde Partnerschaft sein?"**

Finde deinen Status quo...

Und wenn du erkannt hast, wo du stehst, kannst du EFT nutzen. Klopfe alles ab, was dich stresst. Klopfe, wann immer du kannst und wo immer du kannst. Und glaub mir: „Ich habe keine Zeit zum Klopfen." ist eine Ausrede...

Geh einen Schritt nach vorn, denn: so, wie es jetzt ist, soll das so bleiben?

Oft wird man sich der wirklichen Lage erst bewusst, wenn man sich folgende Frage stellt:

„Wenn ich diese Person heute so kennenlernen würde - ganz frisch - beim ersten Date: würde ich mit diesem Menschen... ein Arbeitsverhältnis, eine Freundschaft oder eine Partner-schaft eingehen?".

Schau auf das JETZT, nicht auf das, was einmal war. Am Anfang ist jeder Mensch nett und versucht, sich im besten Licht darzustellen.

Achte auf das JETZT.

Bist du neben diesem Menschen glücklich?
Fühlst du dich an seiner / ihrer Seite wohl?

Falls nicht, schau genauer hin...
Was ist der Grund dafür? Solltest du das nicht alleine schaffen, toxische Strukturen zu erkennen, aber ein ungutes Bauchgefühl haben, hol dir professionelle Hilfe! Psychologische Berater mit Schwerpunkt Narzissmus findest du im Internet.

Ich habe diese Ausbildung gemacht, und ich kann dir sagen: es gibt viele toxische Menschen, gut getarnt, und wenn du glaubst, es macht dir nicht so viel aus, wie dieser Mensch mit dir umgeht, dann hör zu, was dein Körper spricht...

Nimm dir mit der Hilfe von EFT ein wenig den Stress, damit du klarer denken und somit auch besser entscheiden kannst, was jetzt wirklich wichtig ist. Was ist der nächste Schritt?

Und wenn du den Mut hattest, zu gehen, dann wirst du EFT erst recht brauchen. Danach geht ein Gedankenstrudel los, der einen enormen Stress für das eigene System bedeutet...

In toxischen Partnerschaften finden versteckt oder offen Manipulationen statt, die du nicht beeinflussen kannst. Du kannst ihnen nur ausweichen, dich zurückziehen.

Narzisstische Partner kannst du niemals ändern... Sie haben ihre ganz eigene Sicht auf die Dinge und... auf dich!

Kannst du deinem Gegenüber noch uneingeschränkt vertrauen? Falls nein, dann ist dein Körper unter Dauerstress! **VERTRAUEN ist die Basis einer jeden gesunden Beziehung.** Lügt oder betrügt deine Freundin, dein Chef, dein Partner - dann kannst du niemals das Gefühl haben, in Sicherheit zu sein. Misstrauen ist das Gegenteil von Vertrauen. Misstrauen stresst enorm, weil es uns signalisiert: wir könnten verraten werden, und das könnte schlimmstenfalls unseren Tod bedeuten.

Du bist gestresst, weil du ihr / ihm nicht mehr vertrauen kannst?

Wer auch immer diejenige / derjenige sein mag:

Fühlst du dich sicher?

Kannst du vertrauen?

Wird / wurde dein Vertrauen nicht enttäuscht?

Sind wir „gefühlt nicht in Sicherheit", dann schüttet unser Körper Stresshormone aus, die uns - ja genau! - flucht- oder kampfbereit machen sollen.

Umgeben wir uns also mit Menschen, die toxische Verhaltensweisen zeigen, wird unser Körper früher oder später mit der Ausschüttung von Stresshormonen reagieren: zu Recht!

In toxischen Beziehungen und auch lange Zeit nach der Trennung ist das eigene Energiesystem so dermaßen in dauerhafter Alarmbereitschaft, dass man weder klar denken kann noch weiß, was man eigentlich wirklich fühlt. Man ist gestresst auf emotionaler Ebene, weiß nicht ein noch aus und... ist so im Dauerstress!

Dass das schädlich ist, weiß - glaube ich - mittlerweile jeder von uns. Was es aber wirklich bedeutet, das wissen vielleicht nur wenige...

Chronischer Stress wirkt sich aus auf verschiedene Organsysteme in unserem Körper, hat Einfluss auf die Hormonausschüttung und somit automatisch auf unser Gefühl des Glücks. Anhaltende Stresszustände können den Schlaf stören, psychosomatische Symptome auslösen und sogar schwere Erkrankungen hervorrufen.

Den Stresspegel zu senken - besonders in und nach einer toxischen Beziehung - ist dringend vonnöten, möchte man seinen eigenen Weg gesund, selbstwirksam und glücklich gehen.

EFT ist geeignet, um sich emotionale Erleichterung zu verschaffen, den Cortisolspiegel zu senken und damit unmittelbar den Stresspegel zu minimieren. Allerdings möchte ich einwerfen, dass EFT kein Zaubermittel ist, so nach dem Motto: *„Okay, jetzt kann ich ja klopfen und bei meinem (toxischen) Partner bleiben. Das wird schon irgendwie gehen, und mit EFT ist es vielleicht besser zu ertragen.".*

Dass dieser Gedanke dem einen oder anderen in den Sinn kommt, kann ich verstehen. Aber auf Dauer ist das ganz sicher keine Lösung. Die giftigen Elemente aus dem eigenen Leben zu entfernen ist ganz wesentlich! Auf lange Sicht gesehen hilft also nur:

EXIT : Der Absprung!

Kurzfristig gesehen ist EFT innerhalb der toxischen Verbindung eine Hilfe, aber langfristig kann es nur nachhaltig wirken, wenn der Auslöser des Stresses nicht mehr im unmittelbaren Umfeld zu finden ist.

Was und wer toxisch ist, welche Manipulationstaktiken es alle so gibt, darauf kann ich hier nicht eingehen. Aber schau gern in meinem Kanal „EFT mit Heike" bei YouTube vorbei. Dort findest du die Videoreihe „EXIT – DEIN Weg aus der toxischen Partnerschaft" und kannst dich inspirieren lassen.

Die Reihenfolge der Videos hat ihren Sinn, und wenn du nur sporadisch mal in ein Video reinschauen willst, ist das sicherlich möglich. Sinnvoll wäre es allerdings, wenn du dich der Reihe nach den Videos widmest, weil Schritt 2 eben nicht vor Schritt 1 getan werden kann.

Ich habe diesem Programm vollste Aufmerksamkeit gewidmet, damit du eine Chance hast, zu erkennen, in welchen Strukturen du gerade steckst. Ich habe Möglichkeiten aufgezeigt, mit denen du deinen Stresspegel effektiv senken kannst und spreche auch über all die Hindernisse, die sich auf dem Weg in die eigene Freiheit auftun könnten - vor allem innerlich! Was du da machen kannst? Klopfen! Schau gern vorbei!

Nach und nach schalten sich die Videos frei...
Im Moment, also im Sommer 2024, hat die Videoreihe gerade begonnen...

Was mich qualifiziert, diese Videos für dich zu drehen?

Ich habe den Schwerpunkt in meiner Ausbildung zur Psychologischen Beraterin im Bereich „Narzissmus" gehabt. Spannende Themen tun sich da auf, die leider oft Alltag sind in vielen Familien, und das tatsächlich viel öfter als man glaubt.

Am Anfang ist mit toxischen Menschen und mit Narzissten eh alles schön und heil und wunderbar; erst nach und nach entblättern sie ihr wahres Gesicht. Und das ist wichtig zu wissen, denn: natürlich warst du mega glücklich. Aber schau dir deinen Partner JETZT an.

Ist er nett, freundlich, wohlwollend dir gegenüber, verhält er sich korrekt, ist ehrlich und aufrichtig? Verhält er sich respektvoll und liebevoll? Kommuniziert er auf eine Weise, dass du das Gefühl hast, ernst genommen und verstanden zu werden? Oder hast du das Gefühl, irgendwas ist komisch? Gibt er immer dir die Schuld?

Lässt er dich auflaufen, wenn du etwas besprechen möchtest, schweigt er sich aus oder geht er dich an?

Was auch immer ein UNGUTES GEFÜHL in dir auslöst: meistens ist genau dieses Bauchgefühl richtig!

Vertrau dir selbst wieder mehr, und wenn du das (noch) nicht kannst, dann schau, dass du deinen Stresspegel senkst. Das ist ein wichtiger Schritt neben dem Erkennen, wo du gerade stehst. Informiere dich! In meinen Videos wirst du dazu fündig.

EFT ist vielleicht DEIN Gamechanger - es kann alles verändern IN DIR, wenn du es praktizierst. Und: sei geduldig mit dir selbst. Es ist noch kein Meister vom Himmel gefallen... Gerade, wenn man chronisch gestresst ist, hat man es meistens eilig, dass JETZT GLEICH etwas wirken, also Verbesserung bringen soll. EFT wirkt schnell, aber ein paar Minuten solltest du schon einplanen. Nimm dir jeden Abend 15 Minuten Zeit, und klopfe... - vielleicht wirkt es dann schneller, als du glaubst!

Viel Erfolg!

YouTube „EFT mit Heike"
Playlist: EXIT – DEIN Weg
aus der toxischen Partnerschaft
EXIT – Einleitung

Positiv Tapping!

Es gibt tatsächlich eine Variante von EFT, die nennt sich „Positiv Tapping" (Positives Klopfen). Jetzt freuen sich vielleicht alle, die sich ihren „dunklen Schattenseiten" nicht (mehr) zuwenden wollen... ;-)

Positive Sätze einklopfen - das kann man machen.
Das bisher beschriebene EFT löst negative Gefühle auf, indem es den Stress aus dem System nimmt und man dadurch emotional neutrales Terrain erreicht.

Ich persönlich habe bisher relativ wenig Erfahrung mit „Positivem Klopfen" im Verhältnis zum herkömmlichen EFT, außer, wenn ich die emotionale Belastung durch das Klopfen reduziert und im Anschluss „neue Räume" eröffnet habe im Klopfprozess. Dann geht der Fokus ja auch auf die positiven Dinge, die man in sein Leben ziehen möchte.

Es gibt verschiedene Varianten, wie man während des Klopfprozesses vorgehen kann, um positive Inhalte mit Leben zu füllen:

- Einen „Raum öffnen" für Möglichkeiten, die man vorher nicht für realistisch hielt. Zähle die Möglichkeiten auf und klopfe.
- Positive Eigenschaften, die man gern hätte, benennen und dabei klopfen: *„Ich bin..."*.
- Sich das, was man erreichen möchte, möglichst genau vor seinem inneren Auge vorstellen und sich hineinfühlen, als hätte man es schon erreicht.

Ich habe diese Form des Klopfens experimentell für dieses Buch mehrfach ausprobiert, und ich muss sagen: es tut gut. Aber am Auflösen der emotionalen Belastungen mit EFT auf herkömmliche Weise kommt man wohl - zumindest meiner Meinung nach - nicht vorbei, wenn man wirkliche Leichtigkeit in diese alten emotionalen Geschehnisse bringen will.

Du kannst das System „WER-WIE-WAS" positiv beklopfen. Das habe ich mir selbst ausgedacht und es eine Zeitlang integriert in den normalen Klopfprozess beim Aufarbeiten vergangener emotionaler Erlebnisse.

Wer bin ich? Klopfe und benenne, wer du sein willst.
„Ich bin Heike, liebe die Natur, liebe Tiere,..."

Wie bin ich? Klopfe und benenne, wie du sein willst.
„Ich bin liebevoll, begeistert, freudvoll, zärtlich, aktiv,...".

Was bin ich? Klopfe und benenne, was du sein willst.
„Ich bin Autorin, Mentaltrainerin, ...".

Was das mit dir macht, wenn du das alles laut aussprichst und beklopfst? Erstens: du machst dir Gedanken, wer, wie und was du sein willst. Und zweitens: es ist eine klare Bestätigung! *„JA, so bin ich!"*. Es ist eine Bejahung, eine Entscheidung für dich selbst. Das stärkt dein Energiesystem enorm!

Im Alltag kannst du das auch machen, indem du einfach nur die Schlüsselbeinpunkte oder den Handkantenpunkt nutzt.

Das Gute ist in jedem Fall, dass du den Fokus in dem Moment, wo du klopfst, auf dem Positiven hast. Du kannst nicht zeitgleich negativ denken UND positiv sprechen; das geht glücklicherweise nicht! ;-)

Innerer Frieden wird einem nicht geschenkt. Er ist oft das Ergebnis langwieriger Prozesse und ausdauernder Arbeit an sich selbst. EFT schenkt dir die einmalige Gelegenheit, auf relativ schnelle Weise emotionale Erleichterung zu erfahren...

PRIVATES...

...zum Mut machen

Meine ganz persönliche EFT-Erfolgsgeschichte:

Raus aus der Verzweiflung und Hoffnungslosigkeit... hinein in Leichtigkeit und Lebensfreude!

In den letzten Jahren habe ich noch einmal die (Online-)Schulbank gedrückt, um mir eine Option zu verschaffen. Niemand konnte mir helfen, meinen Gesundheitszustand nachhaltig zu verbessern, und ich hätte auch niemanden für Hilfe bezahlen können. Da saß ich nun: krank, ohne Geld, keine Hoffnung mehr. Ich hatte mich aufgegeben.

Als ich begriff, dass ich die Verantwortung für mein Leben ganz allein habe, dass niemand kommen wird, um mich aus diesem emotionalen Sumpf zu ziehen, da fasste ich den Entschluss, noch einmal zu lernen. Konnte ich keinen für Hilfe bezahlen, musste ich eben selbst lernen...

Ich verkaufte alles, was ich besaß (und das war sowieso nicht viel), kratzte mein Weihnachts- und Geburtstags-Geschenkgeld zusammen und startete nochmal durch: mit Schmerzen,

Müdigkeit, Konzentrationsschwierigkeiten, starken Schwindelattacken, neurologischen Ausfällen, Herzrhythmus-störungen, u.v.a.m.

Es war kein Vergnügen, aber ich hatte ein Ziel: ich wollte überleben! Und mein Zustand, der hin und wieder mehr als nur kritisch war, musste mitziehen! Ich passte mich meinen Beschwerden an, aber ich ging voran: unaufhaltsam, in kleinen Schritten.

Nach meiner Abschlussprüfung erhielt ich mein Zertifikat als „Diplom-Mentaltrainerin".

Ich konnte es kaum fassen! Doch mein neues Mindset reichte nicht aus: ich konnte nicht anders FÜHLEN. Hatte ich all meine Hoffnung auf diese Ausbildung gesetzt, so verstand ich jetzt, dass mein Wesen vielschichtiger war, als ich vermutet hatte... ;-)

Doch dann fand ich die EFT-Klopfakupressur. Sie würde mein Leben komplett auf den Kopf stellen...

Ein dreistündiges EFT-Coaching, das mein Leben veränderte...

Manchmal schafft man Dinge nicht allein. Und es ist wichtig, zu erkennen, wann man an diesem Punkt angelangt ist. Ich war es, und ich suchte mir Hilfe...

Sabine Rösner, EFT-Coach und Trainerin für EFT aus der Schweiz, bietet mir einen Termin für ein Online-Coaching an. Ich bin aufgeregt, weiß überhaupt nicht, was mich erwartet. Und so treffe ich auf Frau Rösner zum ersten Mal am 27.06.2023 via Zoom. Sie wirkt auf mich entspannt, ruhig. Das bringt auch mich ein wenig mehr in die Ruhe... Aber dennoch bleibt da eine gewisse Anspannung.

Was werden wir heute machen, und vor allem: was wird es mir bringen? Ich hatte schon so viele Wege beschritten, so Vieles versucht, um wieder zu genesen. Nichts war vergebens gewesen, aber auch nichts wirklich erfolgreich. Ich machte einen kleinen Schritt nach vorn, und kaum ging es mir besser, brach ich wieder zusammen. Nichts davon waren leichte gesundheitliche Störungen; alles hatte Gewicht. Und irgendwann erkannte ich: das ist ein Muster, das sich da durch mein Leben zieht.

Sabine Rösner fragt mich, was ich mir von diesem EFT-Coaching erhoffe. Meine Antwort:

„Ich will überleben!".

„Das ist natürlich eine starke Motivation!" meint sie und beginnt, mir Fragen zu stellen, um mich und mein Anliegen besser kennenzulernen. Was ich mir als Ziel für dieses Coaching auserkoren habe?

Nicht weniger, als dass ich endlich aus dieser inneren Verzweiflung und Ausweglosigkeit herauskommen will.

Eine Ärztin hatte mir vor wenigen Wochen auf den Kopf zugesagt:

„Ich kann Ihnen nicht helfen.
Sie haben sich aufgegeben."

Mir liefen die Tränen über meine Wangen. Sie war die erste, die das aussprach. Ich war am Ende aller Dinge angelangt und wollte nichts mehr, weil ich einfach keine Kraft mehr hatte. Diese Ausweglosigkeit machte mich fertig. Morgens aufstehen, das Nötigste zuerst erledigen, Hilfe in Anspruch nehmen für Dinge, die man eigentlich allein können sollte. Immer wieder diese wechselnden Befindlichkeiten. Nie wusste ich, wie es mir am nächsten Tag, ja, in der nächsten Stunde gehen würde. Würde ich es schaffen, die Treppe hinunter zu laufen? Oder müsste ich mich auf meinen Hintern setzen und sie „hinunterrutschen"?

Ich fühle mich hilflos. Keine Aussicht auf Besserung. Ich bin lebenslang berentet - seit 25 Jahren. Hatte ich es damals nicht wahrhaben wollen, dass sich mein desolater Gesundheitszustand nicht wieder beheben lassen würde, so musste ich mir voller Bitterkeit eingestehen: das Leben hatte mich nun an einem Punkt, wo ich nur noch Eines wollte - dass dieses Leiden aufhört.

Nein, ich will mich nicht umbringen; ich will Hilfe. Aber ich bin innerlich auch bereit, loszulassen, wenn es nicht bald einen Weg gibt. Ich kann es deutlich fühlen: mein Körper wird meiner inneren tiefen Sehnsucht nach Freiheit und Frieden bald folgen. Ich kämpfe. Doch ich erreiche nichts, nicht genug, um einen Wandel herbeizuführen. Ich halte meinen Kopf nur noch schwer über Wasser und warte irgendwie nur noch darauf, dass ich untergehe.

„Frau Richter?". Ich bin in Gedanken versunken. *„Ja?".*
„Was genau ist Ihr Ziel heute? Könnten Sie es bitte nochmals präzisieren?".

„Dass ich endlich diese innere Verzweiflung los werde."

Unmöglich, denke ich. Aber das ist mein Wunsch.

„Wir beginnen mal mit dem Klopfen. Sie wissen, wie das geht? Kennen Sie die Punkte?"
Naja, ich hatte ein Video angesehen bei YouTube...

„Ja, die Punkte kenne ich, aber der Ablauf, WIE man das richtig macht, der erschließt sich mir noch nicht so wirklich." ist meine ehrliche Antwort.

Es gibt unterschiedliche Videos und unterschiedliche Informationen rund um EFT im Internet, aber für mich als Laien ist das alles eher verwirrend.

„Also, wir machen das so: Sie machen, was ich mache, und Sie sagen, was ich sage. Und wenn sich ein Satz für Sie nicht stimmig anfühlt, dann melden Sie sich und ändern ihn ab, wie er sich für Sie richtig anfühlt.".

„Okay.".

Nun geht es los! Ich werde mich dem Prozess hingeben, auf dass er mir etwas bringen möge - was auch immer...

Wir beginnen zu klopfen. Ich spreche Sabine Rösner nach, was sie sagt, und ich klopfe mit. Die Punkte sind leicht zu finden, und so konzentriere ich mich zunehmend auf die Sätze und mein Gefühl, das ich beim Aussprechen dieser Worte habe. Immer wieder schaue ich, wo Frau Rösner klopft, und folge ihren Vorgaben. Ich hätte es auch anders machen dürfen, aber das gibt mir ein Gefühl von „Sicherheit". Es ist ein sicherer Ablauf in einem sicheren Rahmen - etwas, das ich gerade dringend brauche.

Ich soll mir eine Timeline vorstellen: eine Zeitlinie meines Lebens. Von der Zeugung bis zum heutigen Tag stelle ich sie mir vor meinem geistigen Auge vor.

„Gehen Sie diese Linie entlang, von heute an zeitlich rückwärts. Gehen Sie in Ihre Vergangenheit und sagen Sie mir, wo Sie anhalten. Wie alt sind Sie da? Was ist passiert? Woran denken Sie zuerst?".

Ich habe eine starke Intuition, eine gute und schnelle Auffassungsgabe, und so habe ich zügig die erste Antwort parat.

„Ich sehe mich im Kindergarten. Dort habe ich früher als Erzieherin gearbeitet. Ich sitze mit Monika, einer Kollegin, im Büro, denn wir arbeiten zusammen die Inhalte für den morgigen Elternabend aus. Da werden die Eltern der neuen Kinder begrüßt."

Wir klopfen gemeinsam weiter... und ich erinnere mich.

„Meine Kollegin hat Feierabend. Sie verabschiedet sich von mir und geht. „Bis morgen!" ruft sie mir zu. Sie will gleich noch auf den Elternabend ihrer eigenen Kinder in die Schule. Für sie ist das Tagespensum noch nicht vorbei..."

Klopfen... Die inneren Bilder steigen so deutlich vor meinem inneren Auge auf, dass ich kaum glauben kann, wie detailliert, wie klar sie sind - als wäre das alles gestern gewesen. Ich habe ewig nicht mehr an diese Begebenheit gedacht.

„Am nächsten Morgen komme ich auf Arbeit. Unsere Leiterin ruft alle Erzieherinnen in einem Gruppenraum zusammen, wo noch keine Kinder sind. „Ich muss euch etwas mitteilen...". Sie schluckt und ist tief betroffen.

„Moni ist gestern Abend im Treppenhaus der Schule zusammengebrochen. Hirnblutung. Sie liegt im Koma.". Betretenes Schweigen, ich beginne zu weinen. Noch eine Kollegin schluchzt auf, eine weitere presst sich die Hand gegen den Mund. Sie ringt ebenso mit ihren Tränen.
„Wie konnte das geschehen?". Diese meine Frage zeugt von absoluter Hilflosigkeit, einem Gefühl, das mir hier bewusst begegnet in meinem Leben. Ich kann das nicht glauben! Sie ist erst 34 Jahre alt! Das darf doch nicht sein! Wir haben doch

gestern Abend noch... Viele wirre Gedanken wirbeln durch meinen Kopf. Eine tiefe Trauer erfasst mich.".

Ich weiß nicht, wie ich den Tag schaffen soll. Ich bin 22 Jahre jung; den Elternabend heute muss ich nun alleine halten. Keiner weiß, was wir vorbereitet haben, und nach der Arbeit ist keine Zeit mehr, um das noch einmal zu tun. Ich fühle mich hilflos und allein..."

„Wie heißt das eigentliche Thema? Warum sehen Sie das alles?". Sabine fragt nach, will sicher zum Kern des Themas vorstoßen...

„Drei Tage später war Moni tot.".

Ich ringe mit den Tränen. Sie sind nicht aufzuhalten. Ich sitze vor meinem Notebook - daheim in meiner Wohnung, sehe Sabine Rösner auf dem Bildschirm durch einen Schleier von Tränen nur noch verschwommen und spüre plötzlich eine riesige Last auf mir. *„Ich bin schuld an ihrem Tod..."* schluchze ich heftig.

Ein Gefühl von Hilflosigkeit und Trauer schwemmt mich fast weg. Frau Rösner hält den Rahmen, bietet mir Sicherheit und lotst mich durch diese schwierigen, sehr emotionalen Momente meiner Erinnerung.

„Sie glauben, Sie sind Schuld am Tod Ihrer Kollegin? Wie kommen Sie darauf?".

Ich frage mich das auch gerade, denn ich hatte nichts damit zu tun. Sie fiel im Treppenhaus der Schule um, lag drei Tage im Koma und verstarb dann im Krankenhaus. Wir durften sie nicht noch einmal besuchen.

Wieso fühlte ich mich „schuldig"? Plötzlich steigen schemenhaft Gedankenfetzen aus meinem Gehirnnebel auf, ich kann vor Trauer kaum noch klar denken. Wir klopfen fleißig weiter.

„Ich hatte damals angefangen, Heilkunde zu lernen. Moni hatte oft so starke Kopfschmerzen. Ich hätte es wissen müssen... Vielleicht hätte sie dann gerettet werden können.".

Ich verlangte offensichtlich etwas von mir, wozu Ärzte oft nicht einmal fähig waren...

„Wenn man sich solch ein Gefühl von Schuld auferlegt, trägt das schwer...".

Die Stimme von Frau Rösner ist ruhig und klar, sie bleibt kühl und sachlich. Das hilft, dass sich meine Emotionen nicht noch höher schrauben. Ich weine schrecklich. Mein Unterbewusstsein ist offensichtlich der Meinung, ich hätte etwas tun können, um Monikas Tod zu verhindern. Ich sehe heute noch ihren Mann und ihren beiden kleinen Söhne bei der Trauerfeier vor Monikas schönem Foto stehen. Sie war blond, herzlich und fröhlich. So habe ich sie in Erinnerung. Eine nette Kollegin, freundlich, hilfsbereit; zu den Kindern stets liebevoll, und mit ihrer leisen Art meisterte sie jedes Problem auf angenehme Weise.

Während ich weiter klopfe und mich die Erinnerungen mit sich nehmen, wird es langsam ruhiger in mir. Wir beklopfen alle Gefühle, die mit diesem Ereignis in Verbindung stehen und die uns einfallen:

- Hilflosigkeit, nichts tun zu können

- Angst, dass mir das auch passieren kann: dass ich mit 34 Jahren sterbe

- Trauer über ihren frühen Tod

- Wut, wie eine junge Frau nur so aus dem Leben gerissen werden kann - weg von ihrer Familie

- Schuld, weil ich es vielleicht hätte bemerken und gegensteuern können, sie vielleicht hätte retten können...

Eine schwere Last, die ich da trage.

Ich klopfe, und irgendwann fühle ich mich deutlich erleichtert. Ganz plötzlich ist diese gefühlte Bürde weg, einfach weg! Mir ist so leicht zumute, wie ich es gar nicht sagen kann...!!!

Meine Tränen versiegen. Ich habe das Gefühl, dass dieses Erlebnis aus der Vergangenheit jetzt einfach nur noch eine Erinnerung ist an etwas, das ich einst erlebte. Die Erinnerung ist auf einmal nicht mehr emotional besetzt.

Ich fühle mich frei!

Ich atme tief durch, während Sabine Rösner mich fragt, ob wir eine Pause machen sollen. Ich schüttle den Kopf. Ich kann mir kein weiteres Coaching leisten, und ich will und muss vorankommen. Dieses nun erlöste Erlebnis aus meiner Vergangenheit ist definitiv nicht so voller Tragweite, als dass es mich krank machen könnte... Davon bin ich tief in mir überzeugt.

Eine Therapeutin hatte mit der Kairos-Methode herausgefunden, dass meine Krankheit psychischen Ursprungs sei. *„Was bedeutet das?"* fragte ich sie. *„Naja, dass Ihrer Seele, Ihrem Innersten etwas zugefügt wurde, was noch nicht verarbeitet wurde und was sich auf diese Weise - in Ihrer Erkrankung - äußert.".*
Mir war das zu hoch. Wie sollten all die vielen Erkrankungen, all die vielen Beschwerden aus einer Quelle kommen, die ich gar nicht greifen kann? Ich weiß, dass die Psyche ein „vielschichtiges Gebilde" ist, aber ich kannte keinen Grund, sah kein Ereignis, das dafür hätte zuständig sein können. Es entzog sich sozusagen meinem Verständnis.

„Wollen wir weitermachen oder wollen Sie aufhören?". Frau Rösner passt sich meinem Tempo und meinem Zustand auf sehr einfühlsame Weise an. Ich spüre, dass sie möchte, dass es mir gut geht, dass ich mich sicher fühle.

Ich nicke entschlossen. Diese Entschlossenheit - so sagt sie später zu mir, als wir „per du" sind - ist, was sie beeindruckt hat. Warum ich so entschlossen handle? Weil ich mit dem Rücken zur Wand stehe. Ich MUSS die Ursache für diese schweren Krankheitsgeschehen finden, sonst wird es mich vielleicht bald nicht mehr geben...

Das ein oder andere kleinere gefühlsmäßige Ereignis streifen wir bei der Reise auf der Timeline, und ich entdecke ein traumatisches Erlebnis: meinen Zusammenbruch im Auto bei 130 km/h auf der Überholspur der Autobahn. Diese Momente der Schwäche in dieser Geschwindigkeit des Fahrens hätten mich fast mein Leben gekostet. Aber das will ich heute und hier mit EFT nicht angehen, ich notiere es mir für später und weiß, dass ich das bearbeiten darf. Etwas zieht mich in die Vergangenheit... weiter und weiter. Man könnte sagen, es ist wie ein Sog.

****

Noch einmal wandern meine Gedanken zurück und ich möchte euch daran teilhaben lassen:

Wieder und ganz stark fällt mir dieser Termin mit meiner Kairos-Therapeutin ein. Wir stehen in einem Raum, in dem sie eine Timeline ausgelegt hat, ähnlich der gedachten von heute, nur eben in echt auf dem Fußboden. Dort liegen die wichtigsten Ereignisse aus meinem Leben: Zeugung, Geburt, Einschulung, Studium, meine erste große Liebe, usw.

Sie sagt zu mir: *„Stellen Sie sich intuitiv und ohne nachzudenken auf die Timeline, und zwar genau dorthin, wo die Ursache für Ihre Erkrankung zu finden ist. Machen Sie das jetzt!".*

Ich gehe ohne zu Zögern auf die Timeline zu und stelle mich auf einen Punkt - ohne zu sehen, wo genau ich stehe. *„Schließen Sie Ihre Augen. Fragen Sie Ihren Körper, ob er Ihnen etwas zeigen kann. Ihr Körper hat alles abgespeichert, was Ihnen jemals passiert ist, was Sie beeinträchtigt hat auf die ein* *oder andere Weise. Hören Sie auf Ihren Körper, spüren Sie in sich hinein...".*

Ich lege die Hände intuitiv auf meinen Bauch und schließe meine Augen. Plötzlich fühle ich eine große Angst aufsteigen - aus meinem Bauch. Das Gefühl ist so stark, dass ich gar nicht weiß, was mit mir passiert... Ich bin verwirrt, verunsichert. So etwas kenne ich nicht! Die Angst mischt sich mit einem Gefühl von riesiger, nein wahrlich gewaltiger Trauer. Solch ein machtvolles Gefühl habe ich in meinem ganzen Leben noch nicht gespürt. Tränen bahnen sich ihren Weg, aus meinem Bauch kommen eine Trauer und eine Angst nach oben, die ich nicht beherrschen kann. Ich muss hier weg! Ich verlasse umgehend meinen zuvor eingenommenen Platz auf dieser Timeline und setze mich hin. Tränen ergießen sich. Ich weiß nicht, was mit mir passiert. Ja, ich bin feinfühlig, ich habe mediale Fähigkeiten, aber das hier ist gerade so heftig, dass ich mich erschüttert fühle bis ins Mark.

Dann kommt meine Frage: *„Wo genau habe ich gestanden?".*

Ich schaue auf die Stelle, die ich gerade verlassen habe und welche die Therapeutin markiert hat. Der Punkt liegt zwischen Zeugung und Geburt... Wie kann das sein? Was soll mir denn bitte im Mutterleib passiert sein, das solche starken Gefühle auslöst, vor denen ich heute und jetzt regelrecht fliehen muss?

Die Kairos-Therapeutin bringt mich wieder in die Balance und dann entlässt sie mich mit den Worten: *„Das machen wir beim nächsten Termin noch einmal und schauen, ob sich noch was zeigt.".* Was soll sich denn da zeigen? Ich bin im Bauch meiner Mutter doch sicher und geborgen.

Wo soll da die Ursache für meine Erkrankungen liegen? Ich finde das Ganze - ehrlich gesagt - etwas suspekt, aber ich muss zugeben, dass die Macht dieser Emotionen, die ich fühlte, mich beeindruckt hat! Ich habe mir das nicht eingebildet, und ich weiß nicht, wie sich das alles erklären lässt.

Beim nächsten Termin - ca. eine Woche später - werde ich nochmal gebeten, mich auf DIE Stelle auf der Timeline zu stellen, die das ursächliche Geschehen für meine Erkrankung zeigen soll. Ich bin heute besonders skeptisch - nach dem letzten Mal war ich emotional nicht wirklich gut drauf. Etwas in mir hat sich an die Oberfläche geschoben, und ich will das heute und hier nicht wieder erleben. Doch neugierig bin ich schon.

Intuitiv stelle ich mich - und ich staune wirklich - auf die gleiche Stelle wie letzte Woche. Ich kann das kaum glauben. Niemand hat mich beeinflusst. Ich hätte mich genauso gut woanders hinstellen können, aber ich stehe tatsächlich exakt auf der gleichen Stelle!
Prompt und ohne mein Zutun wallen die gleichen Emotionen hoch, die mich einnehmen - bedrohlich und heftig, nicht auszuhalten. Meine Tränen bahnen sich ohne mein Wollen ihren Weg. WAS IST DAS?

Die Antwort bekomme ich flink von der Kairos-Therapeutin: *„Das scheint ein vorgeburtliches Trauma zu sein. Das kann ich nicht auflösen, da müssen Sie sich anderswo Hilfe suchen.".*

Sie gibt mir eine Telefonnummer, wohin ich mich wenden kann, um dieses „Thema", das ich ja noch nicht einmal präzise benennen kann, zu bearbeiten.

„Wenn Sie das auflösen, dann kann es sein, dass es Ihnen deutlich besser geht.". Diese Dame ist wirklich von dem überzeugt, was sie da zu mir sagt. Ich bin zögerlich, verstehe nicht, was mit mir gerade geschehen ist, und ich muss sagen: es ängstigt mich. Ich bin mir nicht sicher, ob ich das wirklich angehen möchte. Und glauben will ich es eigentlich auch nicht, aber: ich habe ZWEIMAL etwas gefühlt, das mich regelrecht eingenommen und mich mehr als nur aus meiner Mitte gebracht hat. Es hat mich erschüttert! Diese Gefühle kamen mit solch einer Macht, sodass ich wohl ernst nehmen sollte, was sie sagt.

Die Praxis macht einen gediegenen und seriösen Eindruck. Die Therapeutin wirkt bodenständig, nicht irgendwie verrückt. Ich weiß tief in mir: dieser Termin heute war wichtig für mich!
Ich bedanke mich, fahre mit meinem E-Mobil nach Hause und fühle, dass hier eine innere Baustelle gesichtet wurde, von der ich noch nicht einmal weiß, wie sie heißt...

****

Blitzschnell sind diese Gedanken durch meinen Kopf geflogen. Sie streiften mich in meiner Erinnerung nicht einmal sekundenlang. Nun klopfe ich mit Frau Rösner und wandere auf meiner gedanklichen Timeline vor der Kamera meines Notebooks zurück... vor den Zeitpunkt meiner Geburt.

Wer das Folgende nicht glauben kann, der hat mein vollstes Verständnis! Ich kann es ja selbst kaum glauben, aber es hat mein Leben verändert: komplett!

„Schließen Sie Ihre Augen... Vorgeburtlich kann man nicht „sehen". Da kann man nur fühlen. Versetzen Sie sich wieder in diesen Zustand." - so oder so ähnlich spricht Frau Rösner mit klarer, sanfter und ruhiger Stimme.

Ich habe Angst, dass mich hier wieder diese Emotionen einholen, die ich damals in der Praxis der Kairos-Therapeutin schon zweimal fühlte.

„Sie können jederzeit sagen, wenn Ihnen etwas zu viel ist. Dann hole ich Sie auf einem sicheren Weg dort ab, wo Sie emotional sind, und wir beenden das Coaching.". Frau Rösner merkt wohl, dass ich bereits müde und vor allem jetzt sehr aufgeregt bin. Wir haben schon recht viel angeschaut auf der Timeline und emotional erfolgreich mit EFT bearbeitet, und ich muss sagen, dass mich diese Technik fasziniert. Welch ein Geschenk! Ich will, nein, ich muss einfach weitermachen... JETZT ist meine Chance. Ich kann es spüren!

Meine Augen halte ich geschlossen, während ich weiter klopfe...

Ich fühle mich geborgen im Mutterleib, spüre das weiche, warme Fruchtwasser um mich herum. Ich bin in einer tiefen Liebe, absolut geborgen in diesem Zustand des Seins. Es ist soooo schön!

Da nehme ich noch jemanden neben mir wahr. Ich bin hier nicht allein! Ich spüre ganz deutlich: da ist noch jemand in diesem Bauch meiner Mama. Mich findet der Gedanke - ganz klar: ich habe einen Bruder! Oh, wie schön! Ich fühle mich ihm stark verbunden, es ist ein ganz tiefes, schönes, tragendes Gefühl - so innig.

Ich klopfe weiter...

Plötzlich sehe ich, wie meine Mutter eine Tablette einnimmt. Ich sehe von innen ihre Speiseröhre, wie sie die Tablette in den Mund nimmt, ein Glas Wasser trinkt und sie hinunterschluckt. Mutter scheint verzweifelt zu sein, emotional geht es ihr nicht gut. Emotional ist sie nicht in der Ruhe. Ich habe Mitgefühl mit ihr...

Auf einmal bekomme ich Bauchkrämpfe. Es krampft sich alles in mir zusammen. Ich krümme mich. Schreckliche Schmerzen fahren durch „meine Eingeweide", und auch mein Bruder krümmt sich zusammen. Es tut sooo weh!

Mir wird schwarz vor Augen. Dann nehme ich nichts mehr wahr, als wäre ich im Mutterleib ohnmächtig geworden. Als ich wieder „erwache", spüre ich meinen Bruder nicht mehr. Er ist nicht mehr „da", nicht mehr am Leben. Eine unglaublich tiefe Trauer erfasst mich. Dieses innige Band der Unschuld zwischen uns, diese tiefe Verbundenheit wurde zerstört. Ich schreie meinen stummen Schrei der Trauer und des Verlustes in die Welt, in meine Welt - im Mutterleib.

Stumme Schreie... - denen ich heute und hier Ausdruck verleihe. Es rüttelt und schüttelt sich alles in mir. Ich weine, ich tobe innerlich... und klopfe mit EFT weiter, während ich unter Tränen kaum noch etwas sehen kann.

Das hier entzieht sich meinem Verstand. Wie ist so etwas möglich? Bilde ich mir das alles nur ein? Aber diese Gefühle, die hochkommen, sind so GEWALTIG, dass sie definitiv keine Einbildung sein können...

„Wir klopfen weiter, immer schön weiterklopfen...".

Frau Rösners sanfte und beruhigende Stimme dringt zu mir durch, obwohl ich gerade in einer anderen Welt zu sein scheine.

Ich sehe wieder diese Tablette. Irgendwie kommt der Gedanke in mir auf, dass das kein Zufall gewesen ist. Ungeheuerlich, diese Idee, der ich mich gerade stelle:

„Wollte unsere Mutter uns abtreiben?".

Alles, was ich vorher im Mutterleib an Verbundenheit, Wärme, Sicherheit und Geborgenheit GESPÜRT hatte, ist verschwunden. Meine Welt ist kalt und grau geworden mit dem starken Gefühl, dass meine Mutter uns vielleicht hatte töten wollen. War es Zufall, dass die Tablette diese Wirkung zeigte? Oder war es Absicht?

Diese Frage bekomme ich nicht beantwortet. Aber ich fühle deutlich, dass mein Brüderchen an dem Wirkstoff dieser Tablette gestorben ist. Dieses Gefühl der Verbundenheit mit ihm ist weg, das Gefühl, in Sicherheit zu sein, ist ebenso weg. Tiefe Trauer und eine große Angst bemächtigen sich meiner, und ich klopfe wie wild, um diese Emotionen - bitte, bitte, bitte - aufzulösen... Vorhin hat es geklappt - mit Moni und ihrem Tod. Bitte: ich will, dass das hier vorbei geht!

Ich bin bis ins Mark erschüttert, während ich klopfe und fühle... Ich begreife, dass die Ablehnung meiner Mutter, die mich zeit meines Lebens begleitet hat, hier ihren Ursprung haben könnte. Und ich spüre weiter in mich hinein...
Meine Mutter ist nicht glücklich, als sie mich zur Welt bringt. Ein einziger Satz drängt sich nun in mein Bewusstsein:

„Ich bin nicht willkommen!"

Dieser Satz brennt sich unerwartet und brutal wie ein glühender Schürhaken tief in meine Seele. Ich weine bitterlich... und klopfe. Das Gefühl der Ablehnung aus meiner Kindheit ist mehr als deutlich zu fühlen - tief in mir. Und plötzlich begreife ich etwas, während ich klopfe: diese Ablehnung galt nicht mir, Heike! Diese Ablehnung galt dem Kind, dem Leben an sich, das meine Mutter in ihrem Bauch trug. Sollte das alles wahr sein, dann hätte sie nicht MICH abgelehnt, sie wollte kein Kind! Dieses Kind hätte genauso gut eine Anna oder ein Maik sein können...

Eine sagenhafte Last fällt von mir ab.

NICHT ICH bin nicht willkommen.

EIN KIND war in ihrem Leben zu dieser Zeit nicht willkommen!

Und als ich weiter fühle, da nehme ich wahr: Es war eine schwere Zeit für meine Mutter. Sie wollte frei sein, wollte ihre Träume leben. Ein Kind, geboren in der DDR, hatte ihr diesen Weg versperrt. Eine Mutter in der DDR hatte ihre Pflichten zu erfüllen. Da gab es keinen Spielraum oder zumindest kaum. Nun war ich da, und damit waren vielleicht alle ihre Träume geplatzt...

Das ist, was ich fühle. Ob sie uns wirklich umbringen wollte oder das mit der Tablette ein Zufall war – das weiß ich nicht und will es meiner Mutter auch nicht unterstellen. Was ich aber FÜHLE, ist, dass sie kein Kind wollte zu dieser Zeit. Und dann kam ich und zerstörte mit meiner Existenz ihre Träume.

Ich war aber einfach nur ein Baby, das auf die Welt kam. Dieses Kind hätte geliebt und umsorgt werden sollen.

Diese Fürsorge und Zuneigung erhielt ich glücklicherweise durch meine Großeltern, die mich bei sich aufnahmen und stets gut für mich sorgten. Sie wurden meine Eltern.

Ich empfand mein ganzes Leben lang eine Ablehnung, wenn ich mit Mutter Zeit verbrachte, und wenn ich sie darauf ansprach, dann wurde mein GEFÜHL geleugnet. Nun und heute WEISS ich für mich, dass ich richtig lag mit meiner ganz eigenen Wahrnehmung. Plötzlich ergibt alles einen SINN!

Alles, was ich je fühlte und spürte, alles, was nie durch Worte ausgedrückt wurde und werden durfte - das zeigt sich heute und jetzt. Und ich klopfe, ich klopfe in der Hoffnung, dass dieser Schmerz in mir und diese Ablehnung, die ich immer als Ablehnung meiner Person empfand, verschwinden mögen.

Ich bitte regelrecht innerlich darum, dass diese seelischen Schmerzen, die ich spüre, beseitigt werden, sich in Luft auflösen. Ich möchte mich wieder so fühlen wie einst im Mutterleib – in dieser tiefen Liebe und Geborgenheit... einfach daheim!

Tränen laufen. Sabine Rösner ist berührt und sagt dennoch klar und sachlich:

„Ist Ihnen bewusst, wie sehr das Leben Sie wollte?".

Dieser Satz sprengt alle Ketten - IN MIR!

JA! Das Leben sagte „JA!" zu mir - allen Widerständen und Feindseligkeiten zum Trotz!!!

Was für eine Erkenntnis! Danke Sabine!

Ich spüre in diese Kraft hinein, die mich plötzlich flutet. Da sind Liebe und Mitgefühl für meine Mutter, die nicht anders konnte, als mich abzulehnen. Es hatte NICHTS mit MIR zu tun. Ich, Heike, sollte auf diese Welt kommen, ich soll hier sein! Sonst wäre ich auch schon längst gestorben in all den langen Krankheitsjahren, wo ich manchmal schon am Ende meiner Kraft angelangt war, wenn auch nicht so, wie in den letzten Monaten.

Ich habe schwere Zeiten hinter mir, aber irgendwie ist das alles gerade nicht von Bedeutung. Ich spüre solch eine tiefe Liebe und Zuneigung zu meiner Mutter, die ich nicht beschreiben kann. Ich fühle mich erlöst von all der Traurigkeit und Bitterkeit, da ich immer das Gefühl hatte, sie will mich nicht...

Ich lasse los: alle Ent-Täuschungen und Verletzungen, die sich in mir regelrecht einzementiert hatten. Wie bin ich erleichtert!!!

Ich weiß nicht, ob ich in diesem Buch mit diesen Worten sagen kann, was ich in diesen Momenten des Coachings empfinde.

Meine bisherige Welt der Ablehnung explodiert auf wundervolle Weise, befreiend, wie in einem Urknall!

Ich empfinde Mitgefühl mit meinem Bruder, und ich fühle deutlich, dass er NICHT FÜR MICH gegangen ist (was oft Schuldgefühle bei einem zurückgebliebenen Zwilling auslösen kann). Ich fühle ganz klar: er war einfach schwächer als ich gewesen. Ich schicke ihm meine ganze Liebe, mein ganzes Mitgefühl und spüre: es geht ihm gut, wo er jetzt ist, und er wird immer bei mir sein...

Ich würdige die Einstellung meiner Mutter, dass sie in so jungen Jahren (sie war gerade mal 20) kein Kind wollte. Sie hat mein vollstes Verständnis - heute, hier und jetzt. Sicher gab meine Geburt ihren Weg vor: zwangsläufig war das in der DDR so. Und das war ganz sicher nicht, was sie wollte. Schade, dass sie niemals den Weg zu mir gefunden hat - innerlich. Ich bedaure das sehr, aber nun verstehe ich, wieso. Es sind ihre Verletzlichkeiten, ihre Sicht auf die Dinge, die sie so haben handeln lassen.

Zweifel schleichen sich bei mir ein: hat sich das alles wirklich so zugetragen? Oder ist das alles nur ein Traum, eine Vermutung? Die Gewissheit, die ich für einen kurzen Moment suche, ist nicht da. Eher ist es ein GEFÜHL, eine Wahrnehmung - jenseits von anfassen und ertasten. Es ist eine innere Stimme, die mir zeigt, was mein Gefühl <u>wirklich</u> ist: es ist **meine innere Wahrheit**.

Heute - hier vor dem Notebook, der Kamera und mit Sabine Rösner - begreife ich auf einmal...klopfend..., dass das Leben eben nur das Leben ist. Man fühlt, und man darf dieser Wahrheit vertrauen...
Das Leben bahnt sich seinen Weg, und ich bin noch da! Das größte Geschenk, das meine Mutter mir wohl machen konnte, war, mich zur Welt zu bringen.

Ich bewerte nicht mehr, seit ich hier klopfe. Ich nehme nur wahr, was sich in meinem Innersten auftut. Und was ich sehe und fühle, ist ein Wandel IN MIR, den ich nicht mit Worten beschreiben kann...

Wenn diese, meine innere Wahrheit gewandelt ist: weg von der Ablehnung... hin zu einem Gefühl des Gewollt- und

Willkommen-Seins, dann ist diese Transformation meiner Gefühle DER entscheidende Wandel, der mich voranbringt. Am Ende ist nicht von Bedeutung, ob sich dies tatsächlich so zugetragen hat, wie ich es wahrnahm.

Von wirklicher Bedeutung ist, wie ich mich jetzt und heute und in Zukunft FÜHLE, denn diese neuen, guten, starken Gefühle bedeuten in meinem Alltag mein gefühltes GLÜCK!

Meine Mutter und ich − wir haben fast gar keinen Kontakt mehr. Vielleicht liest meine Mutter eines Tages diese Zeilen, dieses Buch. Vielleicht wird sie mir beipflichten, vielleicht wird sie alles, was geschrieben steht, ablehnen. Eines fühle ich klar und deutlich und voller Liebe:

Ich wünsche mir, dass meine Mutter ein Leben gefunden hat, das sie glücklich macht!

Und ich wünsche mir, dass mein Bruder, der seinen frühen Weg in den Himmel angetreten hat, auch glücklich ist. Ich denke, die Chancen stehen gut... ;-)

Vielleicht habe ich mit dem heutigen Coaching eine Basis erschaffen, die IN MIR eine harmonische Verbindung ermöglicht... zwischen uns allen. Das wünsche ich mir!

Ich habe mich und mein inneres Kind befreit, denn die Tränen der Vergangenheit sind gewichen, und Gefühle von Stärke und Kraft, von Power und Liebe machen sich in mir breit, wie ich sie noch niemals gespürt habe...

EFT bahnt mir den Weg in meine innere Freiheit, und ich habe niemals geahnt, was ich mit dieser Klopftechnik erreichen könnte.

Bis zum heutigen Tag habe ich mit fast niemandem über diese sehr private Klopfsession gesprochen. Aber nach vielen Recherchen und einem Vortrag von Annett Petra Breithaupt, Psychologin und Spezialistin für „Alleingeborene Zwillinge", weiß ich, dass es mehr auf Erden gibt, als man sich gemeinhin beim Kaffeekränzchen erzählt. Oft sind es die familiären Geheimnisse, „über die man nicht spricht": die verlorenen Kinder. Aber es ist auch mittlerweile Fachwissen, es sind bewiesene Tatsachen, dass viele Kinder im Mutterleib versterben und das Geschwisterchen allein zur Welt kommt. In Amerika ist dies schon weit mehr erforscht.

**Du möchtest ein wenig mehr
über dieses spannende Thema erfahren?
In meinem YouTube-Kanal findest du folgenden
Online-Vortrag als Aufzeichnung...**

****

„EFT mit Heike"
Playlist „Online-Vorträge"

„Alleingeborener Zwilling - Was hat das mir mir zu tun?"

*Du hast das Gefühl, dass dir zeitlebens jemand fehlt? Du sehnst
dich nach Verschmelzung? Oder fliehst du vor einer möglichen
Partnerschaft?*
*Vorgeburtliche Traumata durch den Verlust eines Zwillings
sitzen oft tief und lösen einen scharfen Schmerz aus.
Verlustängste zeigen sich im ganzen Leben. Du willst wissen,
wie du erkennst, ob du ein alleingeborener Zwilling bist? Höre
dir gern meine Ausführungen an und wie EFT dir helfen kann,
dieses Trauma aufzulösen...*

****

Sabine Rösner holt mich zurück ins Jetzt.

„Ihre Lebenskraft hat Sie im Leben gehalten. Was für ein Geschenk! Sie haben so viel Kraft!".

Ja, diese Kraft spüre ich, und ich spüre noch etwas: ich weine nicht mehr. Die Bürde meines Lebens, die Bürde der Ablehnung, ist gewichen. Ich kann sie nicht mehr fühlen. Und als mir bewusst wird, dass meine Ablehnung gegen die Welt, wie sie heute ist, gegen Geld, weil ich es nicht für gut befinde, gegen... alles mögliche das Ergebnis ist meiner eigenen Ablehnung, einer Ablehnung meines Seins, da fühle ich, dass ich mein Leben ab sofort wandeln kann.

Diese Ablehnung zog sich durch mein ganzes Leben. Ablehnung war mein Thema - bis hin zur Autoimmunerkrankung, zu Allergien und Heuschnupfen. Was lehnte ich nicht alles ab...? Ich kann all diese Gefühle des Mangels auflösen, wenn ich mich mit EFT in eine Welt begebe, die meine verletzten Emotionen freilegt und sie in die Harmonie bringt. Wie EFT das schafft - das weiß ich zum jetzigen Zeitpunkt (noch) nicht. Aber eines ist sicher: ich werde EFT lernen! Ich will unbedingt wissen, wie das alles funktioniert! Das hier ist eine Technik, deren Hintergründe ich lernen und verstehen will, und dann trage ich sie hinaus in die Welt! EFT muss einfach unter die Leute, und intuitiv weiß ich: das ist meine Aufgabe und meine Erfüllung!

Mit einer großen Dankbarkeit im Herzen und nach langen drei Coaching-Stunden, die gar nicht geplant waren, beenden wir das Online-Coaching. Ich bin nicht nur begeistert von Sabine Rösners Fachwissen, das sie mir zum Teil in dieser Coaching-Session   offenbarte und mir als Werkzeug zur

Verfügung stellte. Ich bin mindestens ebenso begeistert von ihrer ruhigen, bedachten Art, die mir ein enormes Gefühl an Sicherheit vermittelt hat in diesem hoch emotionalen Prozess, den ich gerade erlebt habe.

Ich bedanke mich aufs Allerherzlichste und weiß gar nicht, was ich sagen, wie ich mich bedanken soll... Ob Frau Rösner heute bewusst ist, welchen Quantensprung ich gerade in meinem Leben gemacht habe? Ich denke schon...

Später finden wir den Weg zum „du", haben oft Kontakt über einen Messenger, und ich lerne viel von ihr aus Gesprächen und wenn ich um Rat frage. Eine Mentorin ist sie für mich geworden, eine Mentorin für EFT. Dafür bin ich zutiefst dankbar!

**Ich habe mich befreien können - von dem
tiefsten Schmerz, der je in mir lebte: dank EFT!**

Jetzt bin ich eine erwachsene Frau mit einem inneren Kind, das emotional und auf allen Ebenen des Lebens willkommen ist, und ich möchte mit tiefer Dankbarkeit EFT - **EMOTIONAL FREEDOM TECHNIQUES** - in die Welt tragen, denn es hält, was es verspricht:
Du kannst dich befreien von alten Ängsten und inneren Verletzungen, und heute weiß ich auch, was genau dieses „Klopfen" im Körper bewirkt. Ich habe diese wundervolle Technik gelernt und bin begeistert bis zum heutigen Tag, was EFT kann und... wie schnell (!) es wirkt! **Man könnte fast meinen, es wäre ein Zauber... ;-)**

Mit dieser Begeisterung habe ich meinen YouTube-Kanal in 2023 gestartet und lade immer mal wieder Beiträge hoch, die Menschen „da draußen" unterstützen sollen auf ihrem Weg hin zu EFT und damit auf ihrem Weg in ihre ganz persönliche, emotionale Freiheit!

Feedbacks zu meinen Online-Vorträgen, die mir die Nähe zu Menschen bringen, welche mehr über EFT erfahren wollen, und auch Feedbacks zu meinem YouTube-Kanal haben mich erreicht...

Viele freundliche Stimmen rufen in die Welt,
dass **"EFT mit Heike"**...

... super (Edith)
... großartig (Petra)
... warmherzig erfahrbar (Diana)
... Klarheit bringend (Christine)
... Inspiration (Jürgen)
... magisch (Monika)

ist. :-)

VIELEN HERZLICHEN DANK!

9 Monate klopfen...

Juli und August 2023: ich belege nacheinander online zwei EFT-Kurse und lerne, wie man die Klopfakupressur als Selbsthilfetechnik anwendet und wie man EFT für ein Coaching nutzen kann. EFT beruflich als Coaching-Methode anzuwenden und zu praktizieren kann ich mir in meinem derzeitigen Gesundheitszustand nicht vorstellen. Aber: ich helfe hier und da mal Freunden, auch, um in die Technik und ihre vielfältigen Möglichkeiten tiefer einzusteigen, sie wahrlich zu verinnerlichen.

Doch zuallererst bin ich an meinen eigenen Themen dran. Wie ich sie finde, habe ich in den beiden Kursen gelernt. Ich schreibe alles auf, was mir in den Kopf kommt: ich notiere in einer Liste, was mich in der Vergangenheit irgendwann mal seelisch verletzt, getriggert oder emotional beeinträchtigt hat.

Dieses Vorgehen nennt man in EFT-Fachkreisen:

"Persönlicher Friedensprozess nach Gary Craig."

Man schreibt eine Liste mit allen Ereignissen, die man jemals in seinem Leben erlebt hat. Alles Belastende, alle negativen Erlebnisse kann man notieren, wenn man es möchte.
Diese Liste ist bei jedem Menschen in der Regel lang, wenn man sich die alten Seelenwunden erst einmal ins Gedächtnis holt. Das können auch ganz kleine, fast unwichtig erscheinende Begebenheiten sein, die dich und mich einst... traurig, wütend, beschämt, gestresst oder ängstlich gemacht haben. Ereignisse, die ein Gefühl von Schuld vermittelt haben, sind ganz wesentlich neben all den anderen, die ich bereits benannt habe.

EFT kann den Stress herausnehmen
aus dem ursächlichen Gefühl,
das HINTER einem bestimmten Verhalten steht.

Finden wir den Auslöser für...

... eine Reaktion, die wir immer wieder zeigen, die sozusagen automatisch auftritt (also die Ursache für diesen Trigger), z.B. eine Wut, die immer wieder durch das gleiche Wort entfacht wird,

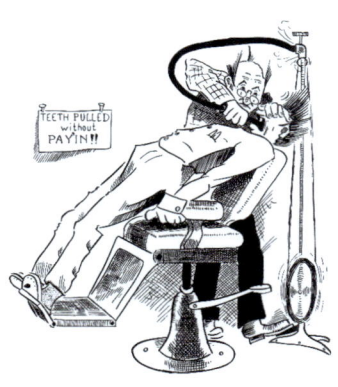

...eine wiederkehrende Vermeidung, z.B. die immer gleiche Angst, wenn wir auch nur an den Zahnarzt denken, mit der darauffolgenden Vermeidungsstrategie, dass wir nicht mehr hingehen,

...und lösen das Ganze mit EFT auf, dann können wir uns und unser Fühlen und Handeln befreien auf eine Weise, wie man es sich ohne die Essenz dieser Erfahrung nicht vorstellen kann!

Zu Beginn des Klopfens fühle ich, wenn ich mein Thema benenne, oft nichts „Belastendes". Manchmal fühle ich anfangs gar nichts, keinerlei negative Emotion. Und dann kommt sie plötzlich wie eine Welle auf mich zugeschwappt – wie aus dem Nichts, manchmal so stark, dass ich kaum weiß, wie ich weiter atmen soll...

Da sind so viele versteckte Emotionen, von denen ich gar nichts weiß. Aber sie wirken im Hintergrund, und sie belasten mich. Mit jeder Klopfrunde kann ich in der Regel die belastende Emotion um ca. einen Punkt senken. Deswegen ist es hilfreich, am Anfang die Intensität der belastenden Emotion zu skalieren, und das mache ich auch. Komme ich in der Skala bis unter drei, habe ich eine deutliche emotionale Erleichterung zu verzeichnen.

Meistens klopfe ich abends vor dem Schlafengehen, aber auch sonst am Tag. Fahre ich Gassi mit meinem E-Mobil, wähle ich ein Thema aus meinem Sammelsurium an emotionalen Triggern oder Verletzungen aus und arbeite mich Tag für Tag und Woche für Woche durch die Jahrzehnte meines Lebens. Oft habe ich keine Lust, zu klopfen, weil es bisher meistens so war, dass es eine viel längere Klopfsession wird als eigentlich ursprünglich gedacht. Will ich „nur mal" eine kleine Begebenheit kurz beklopfen, weil ich das Thema für unbedeutend halte und denke, dass es schnell erledigt sein wird, entpuppt es sich manches Mal als höchst emotional und kein bisschen unbedeutend, weil es mich doch zu einem emotional recht bedeutsamen Ereignis noch weiter zurück in meine Vergangenheit führt.

Ich überwinde meinen inneren Schweinehund jeden Tag neu und klopfe. Ich klopfe, um eine Chance zu haben, mein Leben nachhaltig zu verbessern!

Meine Erfahrung beim Klopfen zeigt: habe ich erfolgreich etwas beklopft, fühle ich mich leichter und freier, was die beklopfte Thematik angeht. Kommen Stunden später neue Erinnerungen in mir hoch, die ebenso „klopfwürdig" sind, schreibe ich sie wieder auf meine Liste. Und so nimmt meine Liste zwar ab, aber im gleichen Atemzug auch wieder zu...

Es ist wie Wasser schöpfen aus einem Boot, das undicht ist. Kaum habe ich Erfolge erzielt, kommen die Schwachstellen anderer, innerer Baustellen auf den Plan.

Meine inneren Baustellen erfolgreich zu bearbeiten, ist leichter gesagt als getan... Fleiß brauche ich und: Ausdauer!

Des Klopfens allmählich etwas müde, grabe ich mich TÄGLICH durch alle möglichen Themen - und zwar knappe 9 Monate lang. Begonnen mit diesem Klopfen zugunsten meines „Inneren Friedensprozesses" habe ich im Juli 2023. Im November stoße ich auf meine ersten Kernthemen, die ich erst im Februar 2024 würde auflösen können, und das auf eine ganz besondere Weise... Aber schön der Reihe nach!

Meine emotionale Befreiung

Ein Kernthema ist etwas, das dich im Leben wirklich aufhalten kann. Hier geht es nicht mehr um Emotionen, die du eventuell mal fühlst, weil du getriggert bist (und Trigger sind auch nur „einst nicht aufgelöste Emotionen", die du auf jeden Fall „beseitigen", sprich: auflösen kannst).

Kernthemen sind DIE Themen, die in deinem Leben ein Muster zeichnen. Vielleicht klappt das mit dem Partner nie so richtig, und nach einem Jahr verlässt er dich wieder. Oder aber du hast jedes Mal Ärger an der neuen Arbeitsstelle und weißt überhaupt nicht, wieso. Vielleicht bemerkst du auch, dass du bestimmte Dinge nie zu Ende bringen kannst, dich in diesem oder jenem Bereich nicht gut genug fühlst und deshalb nicht wirklich vorwärts kommst. Wenn Muster zu erkennen sind in deinem Leben - in unterschiedlichen Lebensbereichen, hat das immer mit einem Kernthema zu tun. Das Kernthema steht hinter dem Muster.

Diese Kernthemen zu finden ist „fortgeschrittenes EFT". Ich möchte dich motivieren, an deinen vorerst einfachen Klopfprozessen dranzubleiben, damit du die Kernthemen später aufstöbern kannst.
Solltest du dir das nicht alleine zutrauen, such dir gern Hilfe. Es gibt EFT-Coaches und auch Psychotherapeuten, die EFT anwenden. Hast du ein diagnostiziertes Trauma, rate ich, ausschließlich zum Psychotherapeuten zu gehen, der EFT oder auch EMDR anwendet. Dann bist du in guten Händen, was die Möglichkeit des Auflösens des Traumas angeht, und du kannst dein Trauma im Verhältnis zu anderen Therapieansätzen recht schnell und sehr effektiv auflösen.

****

Meine Kernthemen zeigen sich nach einem halben Jahr intensiven Klopfens. Zunehmend erkenne ich meine Muster. Nun stehe ich vor einer Herausforderung, auf die ich nicht vorbereitet bin. Wie soll ich allein meine Kernthemen auflösen?

Ich suche mir Hilfe, aber das meiste mache ich doch allein. Ich lasse mich inspirieren von Menschen, die EFT professionell praktizieren. Und trotz allem bin ich zwei Monate später immer noch am gleichen Punkt.

Eine ganz wichtige Frage, der ich mich stellen muss, kommt immer wieder hoch beim Klopfen, während ich gefühlt feststecke:

„Wer bin ich denn dann noch?"

So allmählich wird mir bewusst, dass EFT mein Leben wirklich komplett verändern könnte, und das macht mir tatsächlich Angst.

****

Die Frage: „Wer bin ich denn dann noch?" stellen sich übrigens viele Menschen im Klopfprozess, wenn sie irgendwann an ihre wirklich wichtigen Themen kommen. Es ist ein bisschen so, als würde dir der altbekannte Boden unter den Füßen weggezogen werden, aber den neuen kannst du noch nicht sehen und auch nicht fühlen. Du hast das Gefühl, dich auf einem Terrain zu befinden, das keine Sicherheit verspricht. An diesem Punkt ist es sehr wichtig, unbedingt auch zu beklopfen, dass du sicher bist, wenn du weiter klopfst... Das Thema SICHERHEIT ist wesentlich und wichtig!

Wenn du an irgendeinem Punkt das Gefühl hast,
nicht mehr in Sicherheit zu sein,
wird der Klopfprozess stagnieren.

Dein Energiesystem ist immer FÜR DICH! Das sind übrigens auch deine behindernden Glaubenssätze, die dich eigentlich nur beschützen wollen, aber in Wirklichkeit behindern sie dich.

****

„Wer bin ich denn dann noch?". Diese Frage stelle ich nach Wochen einem lieben Freund, der mir am Telefon prompt die Gegenfrage präsentiert, welche mich wieder auf Kurs bringt:

„Die Frage ist doch:
Zu wem könntest du dann werden?"

WOW! Ja, so ist es! Was für ein „Aha-Moment!".

Genau! ZU WEM könnte ich denn dann werden? Zu jemandem, den ich nicht kenne... Das macht mir wieder Angst. Aber dann fällt mir ein, dass man „niemals tiefer fallen kann als in sein eigenes Element". Egal, wer oder was mir auch immer den Boden unter den Füßen wegziehen würde, ich könnte immer nur in meiner wahren Essenz landen, in der Essenz meines Seins. Die Wahrheit zu sehen und zu erkennen, kann weh tun, aber sie kann auch frei machen! In diesem Fall will ich mich dafür entscheiden, dass sie mich frei macht. Und so lasse ich diese Frage zu:

„Zu wem könnte ich werden?".

Wie könnte ich herausfinden, zu wem ich werden kann? Wie macht man so etwas? Ich greife auf ein Tool aus meiner Ausbildung zurück, trete einen Schritt zurück und betrachte die Angelegenheit von außen, indem ich einen einfachen Satz beginne:

„Ich bin die, die..."

„Ich bin die, die... gerne reitet."

„Ich bin die, die... gerne kreativ ist."

„Ich bin die, die... Tiere mag."

Und so geht es weiter. Ich liste alles auf, was mir einfällt. Wer wäre ich im Idealfall meiner Persönlichkeitsentfaltung? Ich lasse die einschränkenden Möglichkeiten meiner jetzigen Gegenwart zurück, um mich einem Bild zuzuwenden, das mir innerlich entspricht.

Die Inhalte sind interessant, doch die Liste allein hilft mir nicht weiter. Ich erkenne zwar, dass das wirklich ICH bin, aber ich kann all das nicht FÜHLEN.

Habe ich kein Interesse mehr am Leben? Wenn ich doch die beste Version meines ICHs entwickeln könnte, wäre das nicht etwas? Wäre das nicht genug Motivation, um es anzugehen? Nein. Da gibt es offensichtlich Hemmnisse, Blockaden, von denen ich nichts weiß. Die Liste steht, das ist auch alles wahr und richtig und für mich nun sonnenklar, aber ich kann diese Inhalte **gefühlt** nicht mit Leben füllen...

Naja, zumindest habe ich jetzt eine Liste. Ich weiß jetzt, dass ich nur zu mir selbst zurückkehren kann, zu DER Heike, die ich wirklich bin, die, die mit ihren Gaben und Talenten auf diese Welt gekommen ist.

Ich erkenne: ich könnte mich niemals zu einem Menschen entwickeln oder verändern, der ich nicht tief in meinem Wesenskern wahrhaft bin.

Das ist eine sehr wichtige Erkenntnis für mich, denn so werden mir die Ängste genommen, meinen „altbekannten Boden unter den Füßen zu verlieren" und mich tatsächlich auf „Neuland" vorzuwagen, das genau genommen kein Neuland ist. Das wäre ICH!

Wer bin ich? Wer will ich sein?

Wie bin ich? Wie will ich sein?

Was bin ich? Was will ich sein?

Ich darf mich nochmal ganz neu erfinden!

Ab sofort klopfe ich auch all das Positive „in mich hinein",
wer, wie und was ich sein will...

Selbstreflexion:

Meine Kernthemen zeigen sich nach und nach...

EIN Kernthema ist:

„Was du jetzt lachst,
das kommt später in Tränen wieder!".

Ich sehe meine Oma, wie ihre Augen funkeln, als sie diesen Satz zu mir sagt. Sie sagt es nicht nett; es fühlt sich böse, fast bedrohlich an. Ja, es fühlt sich an wie eine dunkle Prophezeiung.

Ich kenne ihre Geschichte, und ich weiß, dass genau das ihr selbst passiert ist... Sie war jung und fröhlich, und dann kam der Krieg. Innerhalb eines Jahres verlor sie vier der liebsten und wichtigsten Menschen in ihrem Leben, und damit verschwanden ihr fröhliches Lachen und ihre Unbeschwertheit. Sie sollten niemals zurückkehren.
Wenn sie mir aus dieser Zeit erzählte und mir von ihrem Wandel berichtete, sah sie traurig aus und einsam, und sie warnte mich förmlich, ZU fröhlich zu sein. Ihre Erfahrung hatte ihr gezeigt: *„Wenn ich fröhlich und unbeschwert bin, dann verliere ich DIE Menschen, die mir etwas bedeuten.".* Das hatte ihr Unterbewusstsein offensichtlich so abgespeichert; mit meinem heutigen Wissensstand würde ich das so einschätzen. Eigentlich wollte sie mich beschützen, sie wollte mich warnen, damit nicht auch ich solch ein Leid erfahren müsste wie sie. Dass MEIN Unterbewusstsein ihre „Warnung" aber als Gesetz abspeicherte, das konnte sie nicht wissen und ich erst recht nicht. Also lebte ich fortan, wie sie mir geheißen hatte...

Zuerst weigere ich mich, zu glauben, dass dieser Satz solch eine Macht in meinem Leben haben soll. Ich fühle mich wie ein Hamster im Hamsterrad, in dem er seine Runden läuft, immer die gleichen Glaubenssätze bedient, aber eigentlich niemals wirklich frei ist.

Ich erkenne, dass Muster in meinem Leben am Wirken sind, die sich wiederholen, die meinem Glück nicht dienlich sind - ganz im Gegenteil. Kaum geht es mir z.B. gesundheitlich auch nur etwas besser, kaum schöpfe ich wieder Mut, Kraft und den Glauben, vielleicht könne ich doch wieder gesund werden, dann falle ich einfach wieder um mit einer noch viel schlimmeren Erkrankung. Das Ganze hat System! Über viele Jahre hinweg beobachte ich dies, und so verliere ich allmählich meinen Mut und weiß nicht mehr weiter. Wie soll ich jemals diesem Kreislauf entkommen können? Dass es einen „Kreislauf" gibt, das ist mir mittlerweile klar. Aber was kann ICH da machen?

* * * * * * *

Viele Menschen versuchen, ihr Mindset zu verändern, damit sie glücklicher sind. Ich habe mittlerweile verstanden, dass das so nicht möglich ist. Ich habe mein Mindset verändert in meiner Mentaltrainer-Ausbildung.

Ich wollte wieder glücklicher sein, mutiger, zuversichtlicher, wollte mehr Lebensfreude haben.

Ich saß dem Irrglauben auf, dass ein anderes Denken mein Fühlen verändern würde. Es traf nicht ein. Ich war zutiefst deprimiert und hatte das Gefühl, auf dem falschen Pferd geritten zu sein. Heute weiß ich, dass diese Ausbildung ein wichtiges Puzzlestück in meinem Gesamt-Erkennen war. Nichts ist umsonst im Leben, und auch diese Ausbildung war es ganz sicher nicht! Das wird sich später noch herausstellen.

Ich komme für mich persönlich zu dem Schluss:

„Emotionale Probleme
kann man NICHT MENTAL lösen."

Das soll zur wichtigsten Erkenntnis überhaupt werden auf meinem Weg mit EFT!

****

Omas Glaubenssätze, die sie an mich weitergab, liefen in meinem Leben auf ganz wenige Wahrheiten hinaus, die sie mir mitgegeben hat. Es sind nicht meine Wahrheiten; es sind ihre. Aber ich lebe sie... Sie hindern mein Leben an der Entfaltung und sie verhindern erfolgreich mein Glück. Wie könnte ich diese „Behinderungen" mit EFT auflösen?

Wann immer ich klopfe, komme ich nicht weiter. Gefühlt ist da eine riesige Wand, gegen die ich nicht ankomme. Ich klopfe alle Emotionen, alle Themen ab, die mir einfallen. Die Wand bleibt stehen, die Wand, die mich trennt vom Glück meines Lebens.

Zur Weihnachtszeit 2023 sitze ich vor dieser unsichtbaren Wand und fühle mich ratlos. Mit vielen kleinen EFT-Einheiten klopfe ich an dieser Wand herum wie mit einem Hämmerchen am Mauerwerk.

Aber das Hämmerchen ist zu klein. Hier braucht es einen Vorschlaghammer oder besser noch: eine Abrissbirne. Mit diesem Hämmerchen würde ich mein Leben lang weiter hämmern - ohne Erfolg.

****

Eine ganz wesentliche Überzeugung lebe ich ganz offensichtlich in meinem Leben, weil Oma sie mir mitgegeben hat:

„Ich darf nicht glücklich sein,
denn wenn ich glücklich bin,
geht es mir hinterher wieder schlecht. "

Bis ich diesen Satz in seiner wirklichen Essenz und so konkret benennen kann, der da in meinem Leben sein Unwesen treibt, vergehen Wochen aktiven Klopfens. Immer wieder outen sich Glaubenssätze, die am Ende zu dieser einen Wahrheit führen.

Ein langer Weg, Detektivarbeit vom Feinsten. Heute weiß ich, dass ich großartige Arbeit geleistet habe! Das ist mir während dieses Prozesses aber nicht bewusst, denn ich bin nur auf mein Ziel fokussiert:

Wie erhalte ich meine innere,
emotionale Freiheit zurück?

****

Am 8. Februar 2024 geht es mir gesundheitlich sehr schlecht. Um nicht vom E-Mobil zu fallen, setze ich mich nach einer kurzen Wegstrecke Gassifahrt auf mein Kissen und mein Fell auf den Boden, wo im Sommer eine grüne Wiese wäre. Da sitze ich in einem desaströsen Zustand, halte mein Handy in der Hand für den Fall, dass ich einen Notarzt rufen muss. Ich habe das Gefühl, mit EFT gescheitert zu sein. Jetzt kenne ich meine Kernthemen und komme trotzdem nicht weiter. Ich bin kurz davor, aufzugeben, aber ich bin auch fest entschlossen, mein Leben zu ändern! So geht das einfach nicht mehr weiter!! Mittlerweile bin ich 51 Jahre alt. Wie lange will ich noch warten und worauf? Bis ich mein Leben gelebt hätte? Bis keine Zeit mehr wäre, um Verbesserungen noch verwirklichen zu können in meinem Leben?

JETZT ist meine Zeit! Ich weiß es tief in meiner Seele. Und so sitze ich auf meinem Kissen und schaue still vor mich hin. Mein Hündchen bringt Stöckchen, die ich werfe, aber ich bin nicht motiviert, sie zu werfen, denn es geht mir wirklich schlecht.

Ganz plötzlich kommt mir ein Gedanke in den Kopf: *„Wieso forciere ich mich so dermaßen auf EFT? Es gibt doch noch viele andere Tools, mit denen man solche Blockaden auflösen kann…".* Ich kenne sie aus der Mentaltrainer-Ausbildung, und auch aus meiner Ausbildung zur Psychologischen Beraterin habe ich einige Skills mitgenommen, die dafür geeignet scheinen. Wieso habe ich mich so dermaßen auf EFT eingeschossen? Wieso habe ich nicht meinen Horizont gedanklich erweitert, um andere Möglichkeiten mit ins Boot zu holen?

Ich überlege, mit welcher Methode man solche Blockaden noch auflösen könnte. Mir fällt EMDR ein, eine Technik mit provozierten schnellen Augenbewegungen, die die Gehirnhälften integriert; bestens geeignet, um Traumata aufzuarbeiten. Zwei Jahre lang habe ich damit unglaublich gute Erfahrungen machen dürfen, die Technik ist grandios!

Ich sitze auf meinem Fell und spüre in diese Idee hinein. Nein, EMDR ist dafür nicht geeignet, nicht heute, hier und jetzt. Auf einmal kommt mir ein Gedanke: Ich habe meine Mentaltrainer-Abschlussarbeit über **"Die Kraft der inneren Bilder"** geschrieben.

Die inneren Bilder, die beim Mentaltraining gern und erfolgreich zum Einsatz kommen, sind ganz wesentlich, um unser jetziges Erleben zu formen, positiver zu fühlen und Ziele leichter erreichen zu können. So die Grundidee, die tatsächlich funktioniert. Viele Menschen bekommen ein besseres Gefühl, wenn sie an eine schöne Situation denken, die sie einst erlebt haben. Heute könnte ich die inneren Bilder dazu nutzen, um mir in einer Art Fantasiereise vorzustellen, wie diese Blockaden aufgelöst werden.

Ich habe gelernt, mich führen zu lassen von meiner Intuition, und so will ich es auch jetzt angehen. Ich kann im Moment sowieso nicht aufstehen, brauche noch Zeit und hoffe, es geht mir bald besser. Also nutze ich die Zeit, die ich habe, sitze auf meinem Fell und konzentriere mich auf meine Themen.

Ganz spontan stelle ich mir vor, wie ein riesiger Kochtopf vor mir auf der Erde steht. Darunter entzünde ich ein Feuer, natürlich nur „imaginär", also in meinen Gedanken. Nichts davon gibt es in echt. Ich nehme einen tiefen Atemzug, und während ich einatme, sauge ich alle alten und negativen Blockaden aus meinen Körperzellen, aus meinem gesamten

Energiesystem in meine Atemluft hinein und stoße diese Blockaden mit einem kräftigen Ausatmen IN diesen Kochtopf. Das mache ich insgesamt dreimal, bis ich das Gefühl habe, wirklich alles davon in diesen Kochtopf geatmet zu haben.

Dann lasse ich diese schwarze, wabernde Masse vor sich hinköcheln. Es köchelt und köchelt, und während die Luftblasen beim Kochen aufsteigen, steigen auch alle meine alten Blockaden in den Himmel und zu den Wolken hinauf. Dort zerplatzen sie und sind verschwunden. Irgendwann ist die Masse eingekocht, aber ein letzter Rest, der sich nicht verkochen lässt, bleibt am Boden zurück. Er ist ungefähr immer noch 10 cm hoch in diesem großen Topf, und mittlerweile ist es eine relativ feste Masse. Es blubbert und arbeitet vor sich hin in einer schwarzen, zähen, widerlichen Konsistenz.

Dieses schwarze Etwas erinnert mich umgehend an den Film "Eine zauberhafte Nanny". Als die Kinder so taten, als wären sie krank, verabreichte die Nanny, die mit Zauberkräften ausgestattet war, ihnen ein Mittel, das sie auf einen Löffel kippte. Diese wabernde, lebende, dunkle und widerlich aussehende Tinktur mussten die Kinder schlucken, um wieder gesund zu werden. Genau so sieht meine Masse hier in diesem Topf aus. Was könnte ich jetzt damit anstellen? Die transformierende Kraft des Feuers hat ihren Teil dazu beigetragen, dass das meiste schon verschwunden ist. Was nun mit dem Rest anstellen? Plötzlich fällt mir ein, dass die Erde ja auch transformiert... Sie verwandelt alles Abgestorbene in Gutes, in Nährendes.

Spontan kommt mir die Idee, während ich sitze, imaginär ein Loch auszuheben. Ich lege die Grasnarbe achtsam beiseite und grabe ein vielleicht 30 cm tiefes Loch. Dann kippe ich diese Masse aus diesem Topf dort hinein und lege die restliche Erde und die Grasnarbe wieder obendrauf. Ich stelle mir vor, wie die Erde mit ihrer Kraft der mütterlichen Transformation diesen alten Batzen an Blockaden verwandelt, und zwar in etwas Gutes und Nährendes. Auf einmal habe ich die Inspiration, dass ich ein kleines Bäumchen auf genau diese Stelle pflanze. Wie könnte sich etwas nährender zum Ausdruck bringen, als wenn es in einem Baum erwächst?

Ich pflanze den Baum, sehe plötzlich neben mir einen Krug mit "Zauberwasser" stehen, und gieße von diesem Zauberwasser etwas an die Wurzeln des kleinen Baumes, also direkt noch auf die Erde, wo die Masse gerade transformiert wurde.

Mit dem Versickern des Zauberwassers ist alles Alte und Blockierende auch in der Erde aufgelöst. Alles Nährende und Gute aus diesen einstigen Glaubenssätzen fließt nun als Energie in dieses wunderschöne Bäumchen, das mein neues Leben repräsentieren soll. Ich sitze da und bin berührt.

Wie von Zauberhand halte ich auf einmal einen Zauberstab in der Hand, ein bisschen so wie bei Harry Potter...

(Bei inneren Bildern ist wirklich alles möglich, und man darf frei sein, genau das zu tun, was einem die eigene Seele einflüstert, ganz egal, wie kindisch, albern oder absurd es auch klingen oder aussehen mag.)

Ich berühre mit diesem Zauberstab die Blätter der kleinen Baumkrone, und es fallen mir drei Worte ein, die mein zukünftiges Leben ausmachen sollen:

Freude, Liebe, Wachstum...

Wunderschön! Was könnte es Schöneres geben!

Ich fühle mich auf einmal deutlich besser, auch körperlich, stehe vorsichtig auf, indem ich mich an meinem E-Mobil abstütze, das links von mir steht, und habe das Bedürfnis, dreimal im Uhrzeigersinn um dieses Bäumchen herumzulaufen, um mit meinen Schritten auf der Erde und mit meiner irdischen Präsenz diese Verwandlung zu bekräftigen. Ich mache es. Es fühlt sich wunderbar an und kraftvoll! Danach habe ich das Bedürfnis, mich so hinzustellen, dass das Bäumchen sich hinter mir befindet, mir also "Rückendeckung" gibt für mein neues Leben. Ich stelle mir vor, wie der Pfad, der sich jetzt vor mir auftut, Richtung Süden führt, in die Sonne hinein, ins Licht, in alles Positive. Er entfaltet sich vor mir mit einem goldenen

Glitzerregen, der auf diesem Pfad niederfällt. Ich will drei Schritte symbolisch auf diesem Weg zurücklegen, um zu bekräftigen, dass ich ihn beschreite. Drei Schritte mache ich und stehe auf diesem goldenen Pfad, der sich unter und vor mir hell erleuchtet entfaltet. Ich kann sein Ende nicht erkennen. Er führt weit, und ich werde eine wundervolle Zeit haben, wenn ich diesen Pfad gehe, und ich werde ihn gehen, das steht fest!

Ich fühle mich leicht, sagenhaft erleichtert und befreit!
Noch niemals zuvor in meinem Leben habe ich mich so gefühlt!!!

Ich lege meine Handflächen aneinander, hebe sie auf Herzhöhe und bedanke mich.
Ich bedanke mich bei meinen alten Glaubenssätzen, dass sie mich an diesen Punkt gebracht haben, wo ich jetzt bin. Ohne all die alten Dinge, ohne all den Schmerz, die Trauer und die Verzweiflung hätte ich diesen Weg in meine Ausbildungen hinein, in mein neues Wissen über EFT niemals finden können. Aber ich lasse es auch los, das Alte, Schmerzhafte. Es ist nicht mehr länger ein Teil von mir...

Ich bedanke mich bei dem Feuer für seine reinigende Kraft der Transformation.

Ich bedanke mich bei der Erde für ihre mütterliche Transformationskraft und ihre Liebe für mich.

Ich bedanke mich bei dem Bäumchen, dass es nun wachsen wird und groß und schön und wundervoll werden wird - genau wie mein Leben.

Ich bedanke mich bei dem Zauberwasser, das ab sofort mein Bäumchen nähren wird; ich werde es jeden Tag gießen in meinen Gedanken.

Und ich bedanke mich bei diesem goldenen Glitzerregen, der auf den neuen Pfad regnete, und wofür auch immer dieses Gold steht, es wäre ein Reichtum der besonderen Art!

Ich lächle, setze mich auf mein E-Mobil und fahre zurück, um Mittag zu essen, aber eigentlich fahre ich nicht "zurück", ich fahre die ersten Meter vorwärts... - hinein in mein neues Leben!

Glücklich sein bedeutet,

sich glücklich zu FÜHLEN.

Wer sein FÜHLEN verändern kann,

hält den Schlüssel zum Glück

in seiner Hand!

Heike Richter

DANK

Ich danke meiner Krankheit, und ich danke für die Weisheit, die ich durch die langen Leidensjahre und mein intensives Lernen erringen durfte. Viel Zeit, wenig Kraft und der uneingeschränkte Zugriff auf Wissen in Büchern und im Internet haben sich in 25 langen Krankheitsjahren bezahlt gemacht. Sensationell, was man in einem Leben so alles lernen kann: über Wissen und Verstehen bis hin... zu Menschlichkeit & tiefer Dankbarkeit.

Ohne die Erkrankung wäre mein Leben an einer gewissen Oberfläche geblieben; so bin ich in die Tiefe hinabgetaucht, ebenso wie in dunkelste Zeiten und habe einen Einblick in meine Seele erhalten. Was kann man sich mehr wünschen als Mensch?

Ich bin (NOCH immer) krank. Ich hoffe auf ein Wunder und lebe die Leichtigkeit mit einem Glück, von dem ich VOR dem Coaching nur träumen konnte. Dank dafür an Sabine Rösner!

Ich danke all den Büchern, in denen ich las, die mir nahe sind, weil sie mir einen Einblick gaben in das Verständnis um die Welt!

Ich danke allen Autoren, dass sie sich die Mühe machten, ihre Gedanken aufzuschreiben, denn ohne diese Inspirationen wäre ich heute nicht die, die ich BIN, könnte nicht helfen auf meine Weise - in diesem Buch mit meinem heutigen Wissen und Erfahrungsschatz!

Und ich danke dir, liebe Leserin und lieber Leser, für dein Interesse an EFT. Lass es uns gemeinsam in die Welt tragen!

Nachwort

Ich freue mich, dir diese wundervolle Methode in meinem Buch nahe gebracht zu haben...

Ich wünsche dir, dass du das Potential von EFT in deinem Leben erkennst und es für dich nutzt. Den Lastenrucksack voller alter Emotionen - den brauchst du jetzt nicht mehr!

Such dir Unterstützung, wenn du dir den Weg nicht alleine zutraust, aber geh ihn: deinen Weg in eine strahlende, innere glückliche Gegenwart, denn deine Zukunft beginnt JETZT!

Ich bin ein ganz neuer Mensch geworden durch EFT, und doch bin ich mehr ich selbst als je zuvor...

Ich weiß heute, wie ich mein Fühlen beeinflussen kann. Aber auch ich kämpfe tagtäglich mit meinen Widrigkeiten, mit inneren und äußeren Widerständen. Wir sind halt alle Menschen... ;-)

EFT kann dein Freund sein, dein treuester Begleiter. Es kann dich durch so manche Unebenheit emotionaler Art in deinem Leben geleiten, wenn du es zulässt...

Probiere EFT gern aus und schreib mir - wenn du magst - deine Erfahrungen.

Klopfe, wann immer du kannst! Einfach dranbleiben!

„Keep Tapping!" :-)

Herzlichst Heike.

Wissenschaftliche Studien über EFT

Diese Studien hat die Psychologin Dr. Peta Stapleton über die EFT-Klopfakupressur gemacht und noch viele mehr. Sie sind englischsprachig. Stöbere gern auf der Seite der BOND-University, Gold Coast, Queensland, Australien...
Ich habe die ausgewählten Studien nach dem Jahr sortiert, wann sie gemacht wurden, und sie rückläufig in der Zeit notiert.

2024

- Fallstudie: **Emotional Freedom Technique (EFT) bei Burnout**
  (Case Study: Emotional Freedom Technique (EFT) for Burnout)

- **Die Wissenschaft hinter dem Tapping** (EFT - Emotional Freedom Techniques) mit Dr. Peta Stapleton
  The Science Behind Tapping (EFT – Emotional Freedom Techniques) with Dr Peta Stapleton

2023

- **Emotionale Freiheitstechniken zur Behandlung von posttraumatischen Belastungsstörungen**: eine aktualisierte systematische Überprüfung und Metaanalyse
  Emotional freedom techniques for treating post traumatic stress disorder: an updated systematic review and meta-analysis

- **Gedächtnisverbesserung durch EFT-Tapping**: Eine Möglichkeit, das Erinnerungsvermögen und die Klarheit zu steigern
  Memory Improvement Through EFT Tapping: A way to boost recall and clarity

- **Der Einfluss belastender Kindheitserlebnisse und posttraumatischer Belastungsstörungen auf chronische Schmerzen**
  The Impact of Adverse Childhood Experiences and Posttraumatic Stress on Chronic Pain

2022

- **EFT bei chronischen Schmerzen**
  EFT for Chronic Pain

- **Neuronale Veränderungen nach der Behandlung mit Emotional Freedom Techniques** bei chronischen Schmerzpatienten
  Neural changes after Emotional Freedom Techniques treatment for chronic pain sufferers

2021

- **Emotional Freedom Techniques zur Schlaganfallrehabilitation**: Eine einzelne Fallstudie
  Emotional Freedom Techniques for stroke rehabilitation: A single case study

188

2020

- **Emotionale Freiheitstechniken für psychische Symptome und Störungen**
  Emotional Freedom Techniques for Psychological Symptoms and Disorders

- Online-Bereitstellung von Emotional Freedom Techniques für **Heißhunger und Gewichtskontrolle**: 2-Jahres-Follow-up
  Online Delivery of Emotional Freedom Techniques for Food Cravings and Weight Management: 2-Year Follow-Up

- Neuuntersuchung der **Auswirkungen von Techniken zur emotionalen Freiheit auf die Stressbiochemi**e: Eine randomisierte kontrollierte Studie
  Reexamining the effect of emotional freedom techniques on stress biochemistry: A randomized controlled trial

2019

- Die Wissenschaft hinter dem Klopfen: **Eine bewährte Stressbewältigungstechnik für Körper und Geist**
  The Science Behind Tapping: A Proven Stress Management Technique for the Mind and Body

2018

- **Emotionale Freiheitstechniken gegen Heißhunger bei übergewichtigen Erwachsenen**: Ein Vergleich der Behandlungsdauer
  Emotional Freedom Techniques for Food Cravings in Overweight Adults: A Comparison of Treatment Length

- Evaluierung eines 3-Wochen-Modells zur **Reduzierung von Stresssymptomen bei traumatisierten Jugendlichen mithilfe der Trauma Tapping Technique (TTT) zur Selbsthilfe**: Ein Pilotversuch.
  Evaluating a 3-week model for reducing symptoms of stress in traumatized youth using the Trauma Tapping Technique (TTT) for self-help: A pilot trial.

- **Richtlinien für die Behandlung von PTBS mit klinischem EFT (Emotional Freedom Techniques)**
  Guidelines for the treatment of PTSD using clinical EFT (emotional freedom techniques)

- Natürlich schlank machen: **Gewichtsverlust und psychische Symptome nach einem sechswöchigen klinischen Online-EFT-Kurs** (Emotional Freedom Techniques)
  Naturally Thin You: Weight Loss and Psychological Symptoms After a Six-Week Online Clinical EFT (Emotional Freedom Techniques) Course

2016

- Denkanstöße: **Eine randomisierte kontrollierte Studie zu „Emotional Freedom Techniques" und kognitiver Verhaltenstherapie bei der Behandlung von Heißhunger**
  Food for Thought: A Randomised Controlled Trial of Emotional Freedom Techniques and Cognitive Behavioural Therapy in the Treatment of Food Cravings

(2* Studien)

****

Es gibt auch deutschsprachige Informationen zu Studien über die EFT-Klopfakupressur. Da ich allerdings nicht weiß, wie zuverlässig diese Internetseiten Bestand haben werden, möchte ich nicht dorthin verlinken.

Aber gib einfach in die Suchmaske ein:

Studien EFT-Klopfakupressur.

Dann wirst du auf jeden Fall fündig!

Es lohnt sich, zu schauen, in welchen Bereichen man EFT einsetzen und damit Erfolg haben kann! Die Einsatzbereiche sind wahrlich vielfältig und die Ergebnisse erstaunlich! Lass dich inspirieren... und überzeugen, dass EFT eine Technik ist, die es lohnt, genauer zu betrachten! :-)

****

Quellenverzeichnis

- Cover & Seite 3: © Foto: Heike Richter

- Rückseite Buch-Einband, Seite 8, 182: © Foto: Heike Richter

- Seite 12, 169: © Illustration/Vektorgrafik: feel-free-3 566 550_1920 - Bild von Mohamed Hassan auf Pixabay

- Seite 13, 43, 49, 53, 61, 64, 65, 122: © Foto: butterfly-95 358 - Bild von Bogdan Ch auf Pixabay

- Seite 13: Link zum YouTube-Kanal „EFT mit Heike"

- Rückseite Bucheinband, Seite 15, 29, 129: © Bild: blossom-233 838_1920 - Bild von Gerd Altmann auf Pixabay

- Seite 16: © Foto: woman-2 667 455_1920 - Bild von Daniel Reche auf Pixabay

- Seite 18: © Bild: asian-1 454 079_1920 - Bild von GraphicMama-team auf Pixabay

- Seite 23: © Foto: real-estate-6 688 945_1920 - Bild von Oleksandr Pidvalnyi auf Pixabay

- Seite 26: © Bild: inspiration-4 777 469_1920 - Bild von Mango Matter auf Pixabay

- Seite 27: © Bild: important-2 508 599_1920 - Bild von Gerd Altmann auf Pixabay

- Seite 30: © Foto: acupuncture-2 308 489_1920 - Bild von Rebekah auf Pixabay

- Seite 31: © Vektorgrafik: kid-160 097_1920 - Bild von OpenClipart-Vectors auf Pixabay

- Seite 33: © Vektorgrafik: buddha-159 317_1920 - Bild von OpenClipart-Vectors auf Pixabay

- Seite 35: © Bild: meditation-7 895 774_1920 - Bild von irongroup auf Pixabay

- Cover, Seite 36: © Vektorgrafik: anthropomorphized-animals-2 023 331_1920 - Bild von OpenClipart-Vectors auf Pixabay

- Seite 37: © Vektorgrafik: cat-294 120_1920 - Bild von Clker-Free-Vector-Images auf Pixabay

- Seite 38: © Foto: Heike Richter

- Seite 39, 40: © Vektorgrafik: actress-1 299 250_1920 - Bild von OpenClipart-Vectors auf Pixabay

- Seite 41: © sport-1 685 810_1920 - Bild von Keifit auf Pixabay (Ausschnitt vom Foto)

- Seite 42: © fingers-1 842 661_1920 - Bild von Pexels auf Pixabay

- Seite 43: Link zum YouTube-Kanal „EFT mit Heike“: EFT BASICS – 1. „EFT-Klopfpunkte“

- Seite 45: © butterfly-2 148 345_1920 - Bild von Gerd Altmann auf Pixabay

- Seite 47: © Bild: acupuncture-8 487 057_1920 - Bild von Calvin Wang auf Pixabay

- Seite 49: Link zum YouTube-Kanal „EFT mit Heike“: EFT-BASICS - 2. „Die richtigen Sätze finden“

- Seite 52: (1*Emotionsliste): www.motivationswelten.de/emotionen/gefuehle-liste/

- Seite 53: Link zum YouTube-Kanal „EFT mit Heike“: EFT-BASICS - 3. „Skaliere die Intensität deiner Emotion“

- Seite 107: © Foto: ai-generated-8 719 689_1920 - Bild von Arnie Bragg auf Pixabay

- Seite 108: © Bild: hectic-1 738 072_1920 - Bild von Gerd Altmann auf Pixabay

- Seite 109: © Bild: massage-3 905 932_1920 - Bild von Joan McKay auf Pixabay

- Seite 111: © Vektorgrafik: cartoon-1 300 394_1920 - Bild von OpenClipart-Vectors auf Pixabay

- Seite 112: © Bild: people-7 375 645_1920 - Bild von Raquel Candia auf Pixabay

- Seite 114: © Bild: family-3 597 106_1920 - Bild von Gerd Altmann auf Pixabay

- Seite 122: Link zum YouTube-Kanal „EFT mit Heike": Playlist „EXIT – DEIN Weg aus der toxischen Partnerschaft" & EXIT - Einleitung

- Seite 124, 172: © Bild: boy-5 671 411_1920 - Bild von André Santana Design André Santana auf Pixabay

- Seite 127: © Bild: meditation-6 751 346_1920 - Bild von Gerd Altmann auf Pixabay

- Seite 130: © Bild: brain-7 771 302_1920 - Bild von Gerd Altmann auf Pixabay

- Seite 131: © Bild: a-heart-2 438 744_1920 - Bild von Alexey Hulsov auf Pixabay

- Seite 132: © Foto: sunrise-8 093 493_1920 - Bild von Pathawi Kongkiattikhun auf Pixabay
- Seite 149: © Bild: mother-and-baby-1 646 450_1920 - Bild von Pete Linforth auf Pixabay

- Seite 150: © Bild: pregnancy-7 424 158_1920 - Bild von Ri Butov auf Pixabay

- Seite 153: © Bild: mother-6 496 932_1920 - Bild von Ramit De auf Pixabay

- Seite 154: © Foto: child-7 039 564_1920 - Bild von Melina Menendez auf Pixabay

- Seite 155: © Screenshot: Heike Richter
  © Foto im Screenshot: few-3 741 620_1920 - Bild von efes auf Pixabay

- Seite 155: YouTube-Kanal „EFT mit Heike": Video zum Online-Vortrag „Alleingeborener Zwilling – Was hat das mit mir zu tun?"

- Seite 157: © Bild: watercolor-8 731 711_1920 - Bild von Prawny auf Pixabay

- Seite 158: © Foto: sea-4 501 231_1920 - Bild von Николай Оберемченко auf Pixabay

- Seite 159: © Bild: fantasy-7 668 136_1920 - Bild von Willgard Krause auf Pixabay

- Seite 161: © Bild: rage-1 541 317_1920 - Bild von Christian Dorn auf Pixabay

- Seite 161: © Bild: dentist-7 452 310_1920 - Bild von Gordon Johnson auf Pixabay

- Seite 163: © Bild: construction-site-2 556 421_1920 - Bild von Marc Manhart auf Pixabay

- Seite 166: © Bild: pixel-cells-6 230 151_1920 - Bild von Manfred Steger auf Pixabay
- Seite 176: © Bild: boiler-8 302 569_1920 - Bild von Anna Elise Altenrath auf Pixabay (geändert: schwarz-weiß)

Heike Richter

Diplom-Mentaltrainerin
Psychologische Beraterin
Coach für EFT-basierte Klopfakupressur
Staatlich anerkannte Erzieherin
(vor über 30 Jahren ;-)

<u>Du möchtest Kontakt mit mir aufnehmen?</u>

In meinem YouTube-Kanal „EFT mit Heike"
findest du in der „Kanalinfo" die aktuelle E-Mail-Adresse,
über die du mich erreichen kannst.

Du möchtest mir ein Feedback zum Buch schenken?
Ich freue mich sehr darüber!

Schau auch gern ab und zu in meinen YouTube-Kanal,
denn ich halte hin und wieder
kostenfreie Online-Vorträge zum Thema.

Wenn du meinen Kanal abonnierst,
wirst du automatisch über alle
neuen Videos und Ankündigungen informiert.

Ich freue mich über dein Interesse an EFT...,
...und vielleicht auf bald in einem meiner Vorträge!

Herzlichst Heike.